기적의 맞춤법 띄어쓰기

초등학생 99%가 틀리는
한글 맞춤법 완전 정복 프로젝트

초등 1~3학년
2권

엄은경, 권민희 지음

길벗스쿨

기적의 맞춤법 띄어쓰기 2권

초판 1쇄 발행 2016년 10월 25일
개정판 1쇄 발생 2024년 7월 1일

지은이 엄은경, 권민희
발행인 이종원
발행처 길벗스쿨
출판사 등록일 2006년 6월 16일
주소 서울시 마포구 월드컵로 10길 56
대표 전화 02)332-0931 | **팩스** 02)322-3895
홈페이지 www.gilbutschool.co.kr | **이메일** gilbutschool@gilbut.co.kr

기획 및 책임 편집 신경아(skalion@gilbut.co.kr) | **제작** 이준호, 손일순, 이진혁
영업 마케팅 문세연, 박선경, 박다슬 | **웹 마케팅** 박달님, 이재윤, 나혜연 | **영업 관리** 김명자, 정경화 | **독자 지원** 윤정아

표지 디자인 스튜디오 수박 studio-soopark.com | **본문 디자인** design **Vita** 이차희 | **표지 일러스트** 조성호 | **본문 일러스트** 유재영
전산 편집 디자인 소풍 고수영, 최윤영 | **교정 교열** 박은숙
인쇄 상지사 | **제본** 상지사

ISBN 979-11-6406-761-9 64710
　　　(길벗스쿨 도서번호 10992)
정가 13,000원

독자의 1초를 아껴 주는 정성, 길벗출판사

길벗스쿨 국어학습서, 수학학습서, 유아콘텐츠유닛, 어학학습서, 어린이교양서, 교과서
길벗 IT실용서, IT/일반 수험서, IT 전문서, 경제실용서, 취미실용서, 건강실용서, 자녀교육서
더퀘스트 인문교양, 비즈니스서

머리말

초등 1학년 아이에게 '국을 먹어요.'라는 문장으로 받아쓰기 연습을 시키던 중이었습니다. "'국을'과 '먹어요'에서 ㄱ 받침은 뒤의 ㅇ 자리로 넘어가서 소리 난단다. 그렇지만 쓸 때는 받침을 그대로 살려서 써야 해."라고 말했더니 아이가 난데없이 묻습니다. "그럼 ㅇ은 어디로 갔어요?" ㅇ은 소릿값이 없다는 것을 이해시키기가 어려워, ㅇ은 유령이어서 ㄱ이 오면 사라진다고 둘러댔지요. 아직 논리적인 설명을 받아들이기 힘든 초등 저학년 아이들에게 한글 맞춤법 규칙을 가르치기는 어렵습니다. 하지만 초등 저학년 시기에 맞춤법은 아주 중요합니다. 맞춤법은 문자를 통해 정확하고 효과적으로 의사소통을 하기 위한 규칙으로, 다른 과목 학습의 바탕이 되기 때문이지요. 이 시기에 맞춤법을 다져 놓으면 청소년이나 성인이 되어서 맞춤법 실수로 망신을 당하거나 실력을 폄하 당하는 일도 없을 것입니다.

"거짓말하면 안 되." (×)
"나도 같이 갈께." (×)

이것은 이 책을 기획하는 단계에서 모아 본, 초등학생들의 맞춤법 실수 사례들입니다. 이처럼 초등학생들의 맞춤법 오류는 소리 나는 대로 적는 데에서 오는 실수가 대부분입니다. 한글 맞춤법 총칙 제1항에 '한글 맞춤법은 표준어를 소리대로 적되, 어법에 맞도록 함을 원칙으로 한다.'라고 되어 있습니다. 이 말은 한글이 소리 나는 대로 적는 글자이기는 하지만, 소리 나는 대로만 적어서는 안 된다는 뜻이에요. 그래서 한글 맞춤법 지도는 낱말의 소리와 모양의 관계를 먼저 생각해 보게 하는 데에서 출발해야 합니다.

한글 맞춤법은 그 원리가 발음 규칙과 맞물려 있습니다. 따라서 무조건 외우기보다 소리와 모양의 연관 관계를 바탕으로 원리를 이해하면 훨씬 효과적으로 맞춤법을 익힐 수 있습니다. 하지만 초등학생들이 그 원리를 이해하기는 쉽지 않지요. 그래서 이 책에서는 맞춤법 규칙이 적용되는 예를 제시하되, 말로 설명하는 대신 도식과 표를 사용하여 맞춤법 원리를 감각적으로 이해할 수 있게 했습니다. 그리고 유사한 규칙에 적용되는 여러 낱말을 집중적으로 연습하는 과정을 통해 은연중에 규칙을 인식하고 맞춤법을 터득할 수 있도록 했지요.

특히 맞춤법 교정이 필요한 아이들에게 실질적인 도움을 주고자, 이 책의 기획 단계부터 아이들의 맞춤법 오류 사례를 모아서 분석하고 오류 빈도가 높은 낱말들을 뽑되, 이를 한글 맞춤법 규정에 맞추어 배열하고 체계화했습니다. 학습 내용을 구성할 때는 아이들의 연령과 실생활을 고려해서 낱말을 선정하고 쓰기 연습을 할 수 있도록 하였습니다.

이 책으로 공부하면 아이들은 낱말을 귀로 들을 때와 글씨로 쓸 때 어떻게 다른지를 비교하여 파악하고, 낱말을 정확하게 듣고 발음하는 습관을 기르고, 낱말의 바른 형태를 눈여겨보며 맞춤법에 맞게 낱말을 쓸 수 있게 될 것입니다. 또한, 맞춤법의 기본기를 탄탄하게 익히고 나면, 그 바탕 위에서 국어 능력은 물론 전반적인 교과 학습 능력을 보다 향상 시킬 수 있게 될 것입니다. 모쪼록 이 책을 통해 아이들의 맞춤법 기본기가 탄탄해져 국어 자신감을 높일 수 있기 바랍니다.

끝으로, 부끄러움을 무릅쓰고 맞춤법 실수 사례를 보내 준 친구들에게 고마운 마음을 전합니다.

엄은경, 권민희

차례

소리와 모양이 달라요

5

구성과 특징

준비 학습 본격적인 맞춤법, 띄어쓰기 공부를 하기 전에 이것부터 알고 가요!

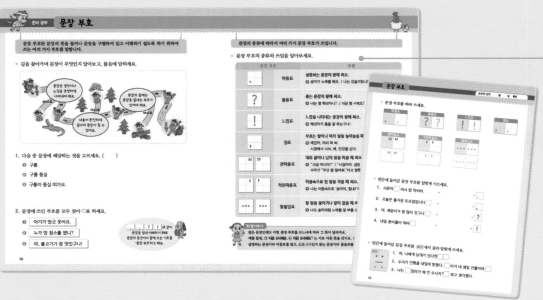

준비 공부
1권에서는 한글 자모음,
2권에서는 문장 부호에 대해
먼저 배우고 들어가요.

본격 학습 하루 4쪽씩 맞춤법을 공부해요!

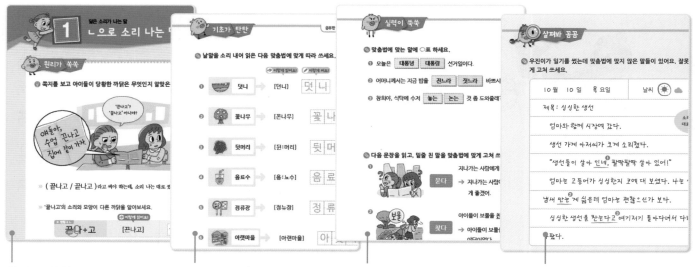

원리가 쏙쏙
그림으로 제시된 생활 속 맞춤
법 오류 사례를 보고, 낱말의
소리와 모양의 관계를 바르게
이해해요.

기초가 탄탄
낱말의 소리와 모양을
비교하고, 맞춤법에 맞게
따라 쓰세요.

실력이 쑥쑥
맞춤법에 맞는 낱말 찾기,
고르기, 옮겨 쓰기, 고쳐 쓰기
등의 활동을 하면서 실력을
쌓아요.

살펴봐 꼼꼼
일기, 편지, 받아쓰기 등의
다양한 형식의 글쓰기 사례를 살
펴보고 잘못 쓴 낱말을
바르게 고쳐 써요.

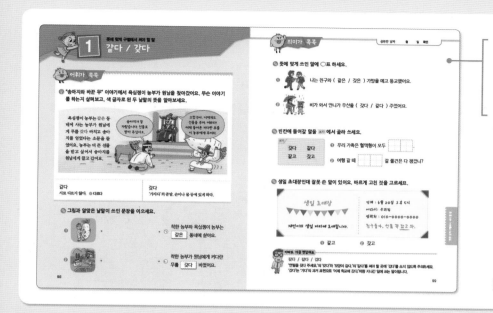

어휘가 쏙쏙
전래 동화의 한 장면을 통해
낱말의 뜻과 쓰임새를 비교해요.

의미가 콕콕
낱말의 쓰임새를
문장과 실생활 속 자료를 통해 확인해요.

* 1권 110쪽, 2권 98쪽부터 시작하는
[뜻에 맞게 구별해서 써야 할 말]은 2쪽 구성입니다.

마무리 학습 단원별 띄어쓰기 특강과 종합 평가로 맞춤법 공부를 마무리해요!

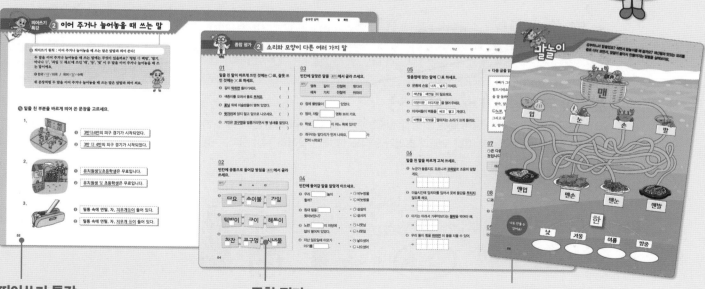

띄어쓰기 특강
한글 맞춤법 띄어쓰기 규정을
이해하고 띄어쓰기에 맞게 글을
옮겨 써요.

종합 평가
앞서 배운 내용을 총정리하면서
맞춤법 실력을 점검해요.

말놀이
재미있는 놀이를 통해 낱말의
형태를 바꾸는 활동을 해요.

친구들이 많이 틀리는 맞춤법 순위 大공개

자신 있게 일기, 독후감 숙제를 제출했지만 돌아오는 것은 맞춤법이 틀렸다는 선생님의 빨간 글씨. ㄱ을 써야 할지 ㅋ을 써야 할지, 모음은 또 얼마나 헷갈리는지! 〈기적의 맞춤법 띄어쓰기〉를 기획하면서 친구들의 맞춤법 실수담을 모아 봤습니다. 친구들이 가장 많이 틀리는 맞춤법 순위를 공개합니다~!

1위

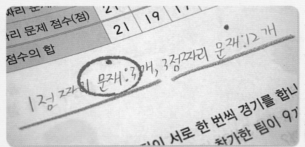
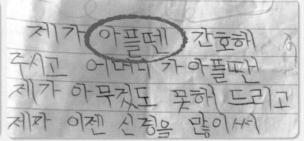

소리가 비슷해도 너무 비슷해! 'ㅐ'와 'ㅔ'

두둥! 가장 많이 틀리는 맞춤법 1위는 바로 'ㅐ'와 'ㅔ'입니다. '모래'와 '모레'는 엄연히 다르다는 점! 친구들은 잊지 말고 꼭 'ㅐ' 와 'ㅔ'를 구분해서 적도록 해요!

* 〈기적의 맞춤법 띄어쓰기〉 1권 88쪽에서 배워요!

2위

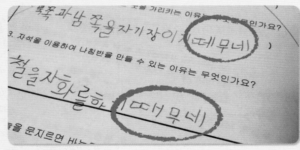
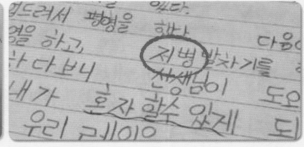

받침이 뒤로 넘어가 ~ 넘어가 ~!

그럼 친구들이 두 번째로 많이 틀린 맞춤법 실수는 무엇일까요? 바로 받침이 뒤로 넘어가서 소리 나는 것에 해당하는 맞춤법 실수랍니다! 받침은 경우에 따라 모양과 소리가 달라도 쓸 때는 살려서 써야 한다는 것. 잊지 마세요!

* 〈기적의 맞춤법 띄어쓰기〉 1권 14쪽에서 배워요!

3위

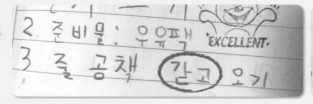

헷갈리는 받침의 발음!

마지막으로 친구들이 가장 많이 틀리는 맞춤법 실수는 바로 '받침의 발음'입니다. 받침 'ㄱ, ㄲ, ㅋ', 'ㅅ, ㅆ, ㅈ, ㅊ, ㅌ', 'ㅂ, ㅍ'은 각각 대표음 [ㄱ], [ㄷ], [ㅂ]으로 발음해요. 어려운 받침은 글자의 모양을 잘 기억해 두는 게 좋아요!

* 〈기적의 맞춤법 띄어쓰기〉 1권 56쪽에서 배워요!

어른들도 많이 틀리는 맞춤법 실수는?

1위 감기 빨리 낳으세요? 낳긴 뭘 낳아!

"빨리 감기가 나았으면!"

한글날을 맞아 한 인터넷 사이트에서 대학생들을 상대로 맞춤법 실수 순위를 조사했는데요. 1위는 바로 "감기 빨리 낳으세요."였습니다. '낳다'는 '배 속의 아이, 새끼, 알을 몸 밖으로 내놓다.'라는 의미로 쓰이는 말인데, 감기를 '낳을' 수는 없겠죠? 그러므로 여기서는 '감기 빨리 나으세요.'로 고쳐야 해요!

* 〈기적의 맞춤법 띄어쓰기〉 2권 100쪽에서 배워요!

2위 어이가 없네, 어이가~ 어이(○) / 어의(X)

"또 틀리면 어이없겠죠?"

2위는 바로 '어이없다', '어이가 없다'에서 '어이'를 '어의'로 적는 경우입니다. 어이 또는 어처구니는 맷돌의 손잡이를 이르는 말입니다. 콩을 갈기 위해서는 어이가 있어야 하는데, 손잡이가 없으니까 황당하다는 의미가 탄생한 것이죠. 이제 유래를 알았으니 틀릴 일은 없겠죠? 어이없는 실수하지 말자고요!

* 〈기적의 맞춤법 띄어쓰기〉 2권 80쪽에서 배워요!

3위 나중에 전화할께(X). 맞춤법 틀릴 거면 전화하지 마!

"앞으로는 주의할게!"

3위는 '-할게'와 '-할께'입니다. 'ㄹ게, ㄹ걸, ㄹ 거야' 등이 들어간 말은 평소에도 자주 사용하죠? 그렇기 때문에 더 헷갈리는 맞춤법 중 하나랍니다. 소리 내어 읽을 때 [께, 껄, 꺼야]와 같이 된소리가 나지만 반드시 예사소리로 적어야 한다는 것 잊지 마세요! ㄲ은 저리 비키시오~!

* 〈기적의 맞춤법 띄어쓰기〉 2권 88쪽에서 배워요!

띄어쓰기를 파헤친다! O/X 퀴즈

Q 최초의 띄어쓰기를 한 사람은 세종대왕이다?

A 정답은 X

지금의 띄어쓰기는 놀랍게도 미국 출신의 선교사 호머 헐버트가 만들었습니다. 헐버트는 1896년 서재필, 주시경과 함께 독립신문을 만들었고, 최초로 띄어쓰기를 시행했습니다. 헐버트는 주시경과 함께 한글을 연구하며 띄어쓰기와 점 찍기를 도입했습니다.

Q '띄어쓰기'는 붙이고 '띄어 쓰다'는 띈다!

A 정답은 O

'띄어쓰기'의 경우 '글을 쓸 때 낱말 사이를 규칙에 따라 띄어 쓰는 일'이라는 하나의 용어로 굳어져 한 단어가 되었기 때문에 붙여 써야 합니다. 그러나 '띄어 쓰다'의 경우는 두 동사 '띄다'와 '쓰다' 사이에 연결 어미 '-어'가 들어가 있을 뿐이므로 띄어 써야 합니다.

문장 부호란 문장의 뜻을 돕거나 문장을 구별하여 읽고 이해하기 쉽도록 하기 위하여 쓰는 여러 가지 부호를 말합니다.

◆ 길을 찾아가며 문장이 무엇인지 알아보고, 물음에 답하세요.

1. 다음 중 문장에 해당하는 것을 고르세요. (   )

❶ 구름

❷ 구름 둥실

❸ 구름이 둥실 떠가요.

2. 문장에 쓰인 부호를 모두 찾아 ○표 하세요.

❶ 아기가 방긋 웃어요.

❷ 누가 방 청소를 했니?

❸ 야, 불고기가 참 맛있구나!

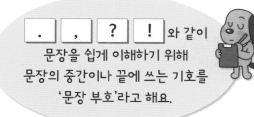

`.` `,` `?` `!` 와 같이 문장을 쉽게 이해하기 위해 문장의 중간이나 끝에 쓰는 기호를 '문장 부호'라고 해요.

문장의 종류에 따라서 여러 가지 문장 부호가 쓰입니다.

◆ 문장 부호의 종류와 쓰임을 알아보세요.

문장 부호		쓰임
.	마침표	설명하는 문장의 끝에 써요. 예 송이가 노래를 해요. / 나는 김슬기입니다.
?	물음표	묻는 문장의 끝에 써요. 예 너는 몇 학년이니? / 지금 몇 시예요?
!	느낌표	느낌을 나타내는 문장의 끝에 써요. 예 혜진이가 춤을 잘 추는구나!
,	쉼표	부르는 말이나 여러 말을 늘어놓을 때 써요. 예 태강아, 이리 와 봐. 시장에서 사과, 배, 단감을 샀다.
" "	큰따옴표	대화 글이나 남의 말을 따올 때 써요. 예 "지금 어디야?" / "시장이야. 금방 갈게." 수아가 "우산 좀 빌려줘."라고 말했어요.
' '	작은따옴표	마음속으로 한 말을 적을 때 써요. 예 나는 마음속으로 '송이야, 힘내!' 하고 응원했어요.
··· ···	말줄임표	할 말을 줄이거나 말이 없을 때 써요. 예 나도 송이처럼 노래를 잘 부를 수 있다면…….

꼭! 알아두기

같은 문장인데도 어떤 문장 부호를 쓰느냐에 따라 그 뜻이 달라져요.
예를 들면, ㉠ **지금 2시예요.** ㉡ **지금 2시예요?** 는 서로 다른 뜻을 갖지요. ㉠은 현재 시각이 2시라는 것을
설명하는 문장이라 마침표를 썼고, ㉡은 2시인지 묻는 문장이라 물음표를 썼어요.

◆ 문장 부호를 따라 쓰세요.

마침표	물음표	느낌표	쉼표
. 　 .	? ?	! !	, ,

큰따옴표	작은따옴표	말줄임표
" "	' '	… …
" "	' '	… …

◆ 빈칸에 들어갈 문장 부호를 알맞게 이으세요.

1. 시윤아 ☐ 어서 밥 먹어라.　　　　•　　　• .

2. 오늘은 즐거운 토요일입니다 ☐　　•　　　• ,

3. 야, 재윤이가 참 많이 컸구나 ☐　　•　　　• ?

4. 내일 준비물이 뭐야 ☐　　　　•　　　• !

◆ 빈칸에 들어갈 문장 부호를 보기 에서 골라 알맞게 쓰세요.

보기
" "
……
' '

1. 아, 나에게 날개가 있다면 ☐ ☐ .

2. 수지가 인형을 내밀며 말했다. ☐ 이거 네 생일 선물이야. ☐

3. 나는 ☐ 엄마가 왜 안 오시지? ☐ 하고 생각했다.

소리와 모양이 달라요

1

닮은 소리가 나는 말

소리가
우리처럼 똑같이
생겼나 봐.

소리가 닮았대.

닮은 소리가 나는 말

1 ㄴ으로 소리 나는 말

원리가 쏙쏙

💡 쪽지를 보고 아이들이 당황한 까닭은 무엇인지 알맞은 말에 ○표 하세요.

얘들아, 수업 끈나고 집에 같이 가자.

'끈나고'? '끝나고' 아니야?

≫ (끈나고 / 끝나고)라고 써야 하는데, 소리 나는 대로 썼기 때문입니다.

≫ '끝나고'의 소리와 모양이 다른 까닭을 알아보세요.

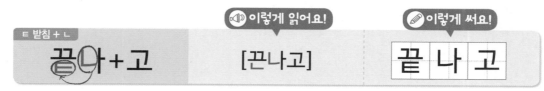

ㅌ 받침 + ㄴ	🔊 이렇게 읽어요!	✏️ 이렇게 써요!
끝아 + 고	[끈나고]	끝 나 고

'끝'의 ㅌ 받침이 '나'의 ㄴ을 닮아서 '끝'이 [끈]으로 소리 나요.
그렇지만 쓸 때는 '끝'의 ㅌ 받침을 그대로 살려서 '끝나고'라고 써야 해요.

엄마만 보세요
앞말의 받침 ㄷ, ㅅ, ㅆ, ㅈ, ㅊ, ㅌ, ㅎ과 뒷말의 첫소리 ㄴ, ㅁ이 만나면 앞말의 받침은 [ㄴ]으로 소리 나요(예 믿는 [민는], 뒷문 [뒨·문]). 또 앞말의 받침 ㅁ, ㅇ과 뒷말의 첫소리 ㄹ이 만나면 ㄹ은 [ㄴ]으로 바뀌어 소리 나기 때문에(예 음료수 [음·뇨수], 정류장 [정뉴장]) 글자의 소리와 모양이 달라집니다. 이러한 점에 유의하여 지도해 주세요.

낱말을 소리 내어 읽은 다음 맞춤법에 맞게 따라 쓰세요.

이렇게 읽어요!   이렇게 써요!

① 덧니 → [던니]   덧니

② 꽃나무 → [꼰나무]   꽃나무

③ 뒷머리 → [뒨ː머리]   뒷머리

④ 음료수 → [음ː뇨수]   음료수

⑤ 정류장 → [정뉴장]   정류장

⑥ 아랫마을 → [아랜마을]   아랫마을

⑦ 있 다 + 니 → [인니]   인형이 있니 ?

⑧ 닫 다 + 는다 → [단는다]   문을 닫는다 .

◎ 맞춤법에 맞는 말에 ◯표 하세요.

❶ 오늘은 | 대통녕 | 대통령 | 선거일이다.

❷ 어머니께서는 지금 밥을 | 진느라 | 짓느라 | 바쁘시다.

❸ 창희야, 식탁에 수저 | 놓는 | 논는 | 것 좀 도와줄래?

◎ 다음 문장을 읽고, 밑줄 친 말을 맞춤법에 맞게 고쳐 쓰세요.

❶

묻다

지나가는 사람에게 길을 **묻는** 게 좋겠어.

→ 지나가는 사람에게 길을 |　|　| 게 좋겠어.

❷

찾다

아이들이 보물을 **찬느라고** 야단이었다.

→ 아이들이 보물을 |　|　|　|　| 야단이었다.

❸

닿다

내 손이 **단는** 곳에 사탕이 있어요.

→ 내 손이 |　|　| 곳에 사탕이 있어요.

✎ 우진이가 일기를 썼는데 맞춤법에 맞지 않은 말들이 있어요. 잘못 쓴 말을 바르게 고쳐 쓰세요.

10월 10일 목요일	날씨 ☀ ☁ 🌧 ❄

제목 : 싱싱한 생선

　엄마와 함께 시장에 갔다.

　생선 가게 아저씨가 크게 소리쳤다.

　"생선들이 살아 <u>인네</u>❶, 팔딱팔딱 살아 있어!"

　엄마는 고등어가 싱싱한지 코에 대 보셨다. 나는 생선

넘새 <u>만는</u>❷ 게 싫운데 엄마는 괜찮으신가 보다.

　싱싱한 생선을 <u>찬는다고</u>❸ 여기저기 돌아다녀서 다리가

아팠다.

소리 나는 대로 썼네.

---

❶ 인네 → ⬚⬚　　　　있네　잉네

❷ 만는 → ⬚⬚　　　　맡는　맞는

❸ 찬는다고 → ⬚⬚⬚⬚　　　찾는다고　찿는다고

 원리가 쏙쏙

💡 알림장의 내용 중 잘못 쓴 낱말은 무엇인지 알맞은 말에 ○표 하세요.

» (실내화 / 실네화)라고 써야 하는데, 소리 나는 대로 썼습니다.

» '실내화'의 소리와 모양이 다른 까닭을 알아보세요.

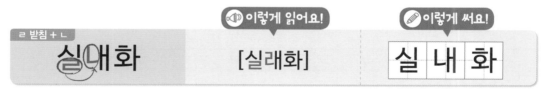

ㄹ 받침 + ㄴ	🔊이렇게 읽어요!	✏️이렇게 써요!
실내화	[실래화]	실 내 화

 '내'가 '실'의 받침 ㄹ을 닮아서 [래]로 소리 나요. 그렇지만 쓸 때는 '내'를 그대로 살려서 '실내화'라고 써야 해요.

 엄마만 보세요 ㄴ은 ㄹ의 앞이나 뒤에서는 [ㄹ]로 바뀌어 소리 나기 때문에 글자의 소리와 모양이 달라집니다(예 분리 [불리], 설날 [설·랄]). 이러한 점에 유의하여 지도해 주세요.

공부한 날짜   월   일 확인

📝 **낱말을 소리 내어 읽은 다음 맞춤법에 맞게 따라 쓰세요.**

🔊 이렇게 읽어요!   ✏️ 이렇게 써요!

❶ 설날 ➡ [설ː랄]   설날

❷ 칼날 ➡ [칼랄]   칼날

❸ 난로 ➡ [날ː로]   난로

❹ 물난리 ➡ [물랄리]   물난리

❺ 달나라 ➡ [달라라]   달나라

❻ 한라산 ➡ [할ː라산]   한라산

❼ 산신령 ➡ [산실령]   산신령

❽ 분리수거 ➡ [불리수거]    분리수거

✎ 대화의 내용을 살펴보고, 색 글자가 바르게 쓰인 문장에 ◯표 하세요.

❶ 내일 줄럼기 인증 시험 있다며?
( )

네, 줄넘기를 백 개나 해야 해요.
( )

❷ 아이고! 우리 손주 한복을 입고 있으니까 새신랑 같네.
( )

새실랑이요? 놀리지 마세요.
( )

✎ 밑줄 친 말을 맞춤법에 맞게 고친 것을 보기 에서 찾아 쓰세요.

보기

원래   손난로   물놀이

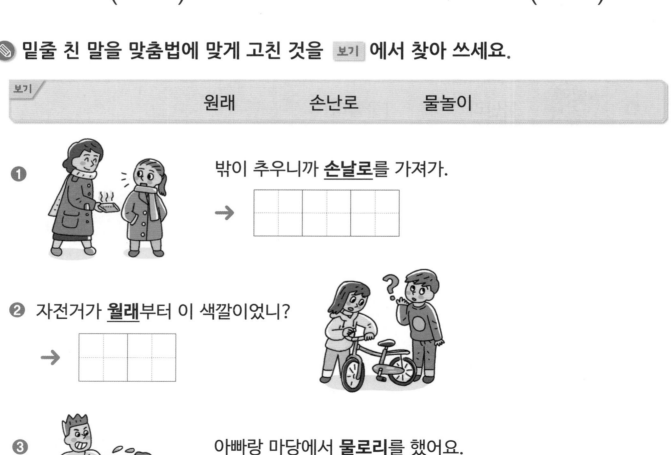

❶ 밖이 추우니까 **손날로**를 가져가.

→

❷ 자전거가 **월래**부터 이 색깔이었니?

→

❸ 아빠랑 마당에서 **물로리**를 했어요.

→

🖊 무영이가 가족과 여행하면서 찍은 사진들을 정리했는데 맞춤법에 맞지 않은 말들이 있어요. 잘못 쓴 말을 바르게 고쳐 쓰세요.

절라남도❶ 여수예요. 케이블카를 타고 바다를 구경했어요.

첨성대예요. 실라의❷ 선덕여왕이 세운 건데요, 이곳에서 별을 관찰했대요.

나도 가 본 곳이야.

제주도에 있는 할라산이에요.❸ 꼭대기에 백록담이라는 연못이 있어요.

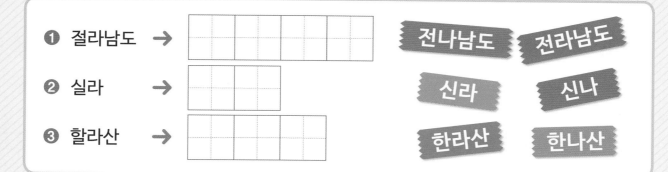

❶ 절라남도 → [　　　　　] 　전나남도　전라남도

❷ 실라 → [　　] 　신라　신나

❸ 할라산 → [　　　] 　한라산　한나산

💡 다음 장면에서 남자아이가 당황한 까닭은 무엇인지 알맞은 말에 ◯표 하세요.

내가 써 붙였어. 나 잘했지?

암문을 이용하세요.

응, 그런데 '앞문'을 소리 나는 대로 썼어.

» (압문 / 앞문)이라고 써야 하는데, 소리 나는 대로 썼기 때문입니다 .

» '앞문'의 소리와 모양이 다른 까닭을 알아보세요.

ㅍ 받침 + ㅁ	🔊 이렇게 읽어요!	✏️ 이렇게 써요!
앞문	[암문]	앞 문

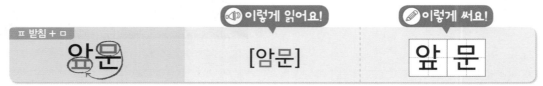

'앞'의 ㅍ 받침이 '문'의 ㅁ을 닮아서 '앞'이 [암]으로 소리 나요. 그렇지만 쓸 때는 '앞'의 ㅍ 받침을 그대로 살려서 '앞문'이라고 써야 해요.

낱말을 소리 내어 읽은 다음 맞춤법에 맞게 따라 쓰세요.

이렇게 읽어요!   이렇게 써요!

① 입맞춤 ➡ [임맏춤]   입 맞 춤

② 겁내다 ➡ [검내다]   겁 내 다

③ 옆머리 ➡ [염머리]   옆 머 리

④ 톱니바퀴 ➡ [톰니바퀴]   톱 니 바 퀴

⑤ 앞 + 만 ➡ [암만]   앞 만 보고 있다.

⑥ 입 다 + 는 ➡ [임는]   옷을 입 는 아이

⑦ 덮 다 + 는 ➡ [덤는]   뚜껑을 덮 는 손

⑧ 줍 다 + 는 ➡ [줌ː는]   쓰레기를 줍 는 사람

✎ 맞춤법에 맞게 쓴 문장을 고르세요.

①

㉠ 너무 더워서 **임맛**이 없어요.

㉡ 이 불고기를 먹으면 **입맛**이 돌 거야.

②

㉠ 이 옷은 언제 **입는** 거예요?

㉡ 그 옷은 겨울에 **임는** 거란다.

✎ 그림의 내용에 맞도록 빈칸에 알맞은 말을 보기 에서 골라 쓰세요.

보기	굽는	굼는	앞마당	암마당

①

고기 ☐☐ 냄새가 어디서 나죠?

뒷집 사람들이 ☐☐☐☐ 에서 고기를 굽고 있나 봐.

보기	검내지	겁내지	검먹은	겁먹은

②

안전하니까 ☐☐☐ 말고 가 봐.

☐☐☐☐ 것은 아니지만 좀 떨려요.

📝 고은이가 시를 썼는데 맞춤법에 맞지 않은 말들이 있어요. 잘못 쓴 말을 바르게 고쳐 쓰세요.

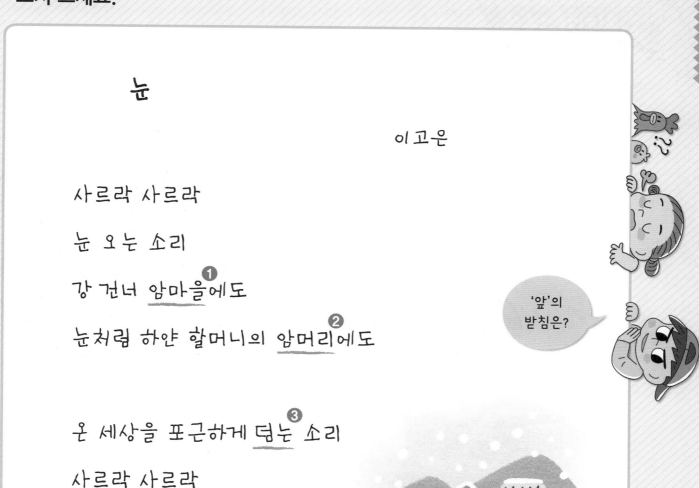

눈

이고은

사르락 사르락

눈 오는 소리

강 건너 암마을❶에도

눈처럼 하얀 할머니의 암머리❷에도

온 세상을 포근하게 덤는❸ 소리

사르락 사르락

'앞'의 받침은?

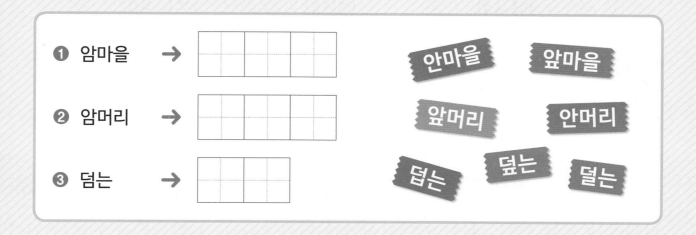

❶ 암마을 →

❷ 암머리 →

❸ 덤는 →

안마을   앞마을

앞머리   안머리

덤는   덮는   덜는

4 ㅇ으로 소리 나는 말

원리가 쏙쏙

💡 사진에 적힌 글을 보고 엄마가 하신 말씀은 무엇인지 알맞은 말에 ○표 하세요.

'막내'를
소리 나는 대로
썼구나.

아빠 엄마
나 망내

» (막내 / 망래)라고 써야 하는데, 소리 나는 대로 썼다고 하셨습니다.

» '막내'의 소리와 모양이 다른 까닭을 알아보세요.

ㄱ 받침+ㄴ	🔊 이렇게 읽어요!	✏️ 이렇게 써요!
막내	[망내]	막 내

'막'의 ㄱ 받침이 '내'의 ㄴ을 닮아서 '막'이 [망]으로 소리 나요. 그렇지만 쓸 때는
'막'의 ㄱ 받침을 그대로 살려서 '막내'라고 써야 해요.

엄마만
보세요
앞말의 받침 ㄱ(ㄲ, ㅋ)은 뒷말의 첫소리에 ㄴ이나 ㅁ이 오면 [ㅇ]으로 바뀌어 소리 나기 때문에(예 먹는
[멍는], 부엌문 [부엉문) 글자의 소리와 모양이 달라집니다. 이러한 점에 유의하여 지도해 주세요.

✍ 낱말을 소리 내어 읽은 다음 맞춤법에 맞게 따라 쓰세요.

🔊 이렇게 읽어요!　　✏ 이렇게 써요!

①  **국물** → [궁물] 　국 물

②  **먹물** → [멍물] 　먹 물

받침이 모두 ㅇ으로 소리 나지만 쓸 때는 원래 받침을 살려서 써요.

③ **박물관** → [방물관] 　박 물 관

④ **부엌문** → [부엉문] 　부 엌 문

⑤ **이학년** → [이항년] 　저는 이 학 년 입니다.

⑥ **기역** + **만** → [기영만] 　기 역 만 써요.

⑦ **키읔** + **만** → [키응만] 　키 읔 만 읽어요.

⑧ **섞** 다 + **는다** → [성는다] 　설탕을 섞 는 다 .

✎ **맞춤법에 맞는 말에 ○표 하세요.**

❶ 저는 대한민국 | 국민 | 궁민 | 입니다.

❷ 머리를 | 깡는 | 깎는 | 데 몇 분쯤 걸리나요?

❸ 어디서 깨를 | 봉는지 | 볶는지 | 고소한 냄새가 난다.

✎ **다음 문장을 읽고, 밑줄 친 말을 맞춤법에 맞게 고쳐 쓰세요.**

❶

 녹다

얼음이 **놋는** 중이에요.

→ 얼음이 ⬜⬜ 중이에요.

❷

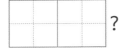 적다

뭘 그렇게 열심히 **정니**?

→ 뭘 그렇게 열심히 ⬜⬜ ?

❸

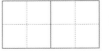 묶다

머리를 예쁘게 **뭉는** 방법을 배우고 싶어요.

→ 머리를 예쁘게 ⬜⬜ 방법을 배우고 싶어요.

✏️ 가을이가 친구에게 쪽지를 썼는데 맞춤법에 맞지 않은 말들이 있어요. 잘못 쓴 말을 바르게 고쳐 쓰세요.

해진아!

내일이 너한테 낭이 보내기로 한 날이네.

낭이는 아무 음식이나 잘 멍는① 편이야.

하지만 궁물②이 있는 음식은 싫어해.

낭이는 애교가 많아서 너랑 금방 친해질 테니까 걱정 안 해도 돼. 앞발로 얼굴을 당는③ 모습을 보면 너도 낭이한테 폭 빠지게 될걸.

해진아, 낭이를 보내는 내 마음 알지?

우리 낭이 잘 부탁해.

가을이가

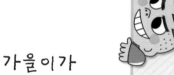

'먹다', '국'의 받침을 살려 써야지.

① 멍는 → 　　

② 궁물 → 　　

③ 당는 → 　　

먹는　　국물

먼는　　군물

달는　　닦는

29

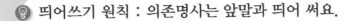

💡 띄어쓰기 원칙 : 의존명사는 앞말과 띄어 써요.

의존명사는 문장에서 혼자 쓰일 수 없고 다른 말에 기대어 쓴다고 해서 의존명사라고 해요. 예를 들면 '것, 수, 만큼, 뿐, 데, 지……' 등이 있어요. 문장을 쓸 때 의존명사는 앞말과 띄어 써야 해요.

예 맛있는∨것을 먹었다. / 나도 춤을 잘 출∨수 있어요.
      의존명사   의존명사

위 문장에서 '것'과 '수'가 의존명사에 해당해요. 이런 말은 앞말과 띄어 써요.

📝 밑줄 친 부분을 바르게 띄어 쓴 문장을 고르세요.

1.

❶ 저기 <u>보이는것이</u> 우체국이야.

❷ 저기 <u>보이는 것이</u> 우체국이야.

2.

❶ 졸려서 공부를 <u>할 수가</u> 없어요.

❷ 졸려서 공부를 <u>할수가</u> 없어요.

3.

❶ 밥을 <u>먹은지가</u> 오래됐어.

❷ 밥을 <u>먹은 지가</u> 오래됐어.

✎ 띄어쓰기가 바른 문장을 고르세요.

1.
❶ 더 워 서 　 잘 수 가 　 없 어 . 　 　
❷ 더 워 서 　 잘 　 수 가 　 없 어 . 　

2.
❶ 마 실 것 을 　 주 세 요 . 　 　 　
❷ 마 실 　 것 을 　 주 세 요 . 　 　

◉ 띄어쓰기에 유의하며 문장을 빈칸에 옮겨 쓰세요.

1.
| 먹 | 을 | ∨ | 만 | 큼 | 만 | ∨ | 가 | 져 | 가 | 라 | . | | |
| | | ∨ | | | | ∨ | | | | | | | . |

2.
| 지 | 금 | ∨ | 가 | 는 | ∨ | 데 | 가 | ∨ | 어 | 디 | 야 | ? |
| | | ∨ | | | ∨ | | | ∨ | | | | ? |

✎ 띄어 써야 할 곳에 ∨표 하고, 문장을 바르게 옮겨 쓰세요.

1. 나도달릴수있어요.

→ ﹏﹏﹏﹏﹏﹏﹏﹏﹏﹏﹏﹏﹏﹏﹏﹏

2. 내일은비가올것입니다.

→ ﹏﹏﹏﹏﹏﹏﹏﹏﹏﹏﹏﹏﹏﹏﹏﹏

01

밑줄 친 말이 바르게 쓰인 것에는 ◯표, 잘못 쓰인 것에는 ✕표 하세요.

❶ 지금 **찍는** 사진은 어디에 쓸 거니? (   )

❷ 버스 **정뉴장**이 여기서 많이 멀어요? (   )

❸ 여기에는 제가 **찾는** 신발이 없어요. (   )

❹ 괘종시계 안에는 **톱니바퀴**가 들어 있다. (   )

❺ 이렇게 비가 많이 오면 금방 **물날리**가 날 텐데.

(   )

02

다음을 바르게 쓴 것에 ◯표 하세요.

❶

음뇨수

음료수   음요수

❷

궁물

국물   군물

❸

줄넘기

줄럼기   줄넘끼

03

맞춤법에 맞는 말에 ◯표 하세요.

❶ 설탕을 물에 섞는 : 성는 중이에요.

❷ 칼로 사과를 깡는 : 깎는 것은 위험해.

❸ 오늘은 한복 입는 : 임는 순서를 배울 거예요.

❹ 밥을 어떻게 짓는지 : 진는지 알고 있니?

❺ 냉동실에 아이스크림이 얼마나 남아

 인는지 : 있는지 살펴봐.

04

밑줄 친 말의 받침 소리에 해당하는 자음 카드를 이으세요.

❶ 뒷머리
[뒨머리] ·   · ㅁ

❷ 산신령
[산실령] ·   · ㄴ

❸ 겁내다
[검내다] ·   · ㄹ

❹ 부엌문
[부엉문] ·   · ㅇ

05

빈칸에 알맞은 말을 보기 에서 골라 쓰세요.

보기
| 앞머리 | 암머리 | 칼날 | 칼랄 |
| 방물관 | 박물관 | 난로 | 날로 |

❶ 어제 미용실에서 [   ]를 잘랐다.

❷ [   ]에 손을 베지 않도록 조심해.

❸ 내일 친구들과 [   ]에 견학을 간다.

❹ 날씨가 추워서 교실에 [   ]를 피웠다.

06

밑줄 친 말을 바르게 고쳐 쓰세요.

❶ 이 개구리는 **월래** 우리나라에 살지 않았어.

→

❷ 감자가 빨리 익도록 냄비 뚜껑을 **덥는** 것이 좋겠어.

→

❸ 지금 우리나라의 **대통녕**이 누구인지 알고 있니?

→

❹ 봄이 되면 산꼭대기에 쌓인 눈이 조금씩 **농는다.**

→

◇ 다음 글을 읽고 물음에 답하세요.(7~9)

8 월 3 일 목 요일	날씨 맑음

제목 : 가족 여행

휴가 ㉠**천날**이다. 새벽에 출발해서 점심때 경주에 도착했다. 첨성대를 봤는데 ㉡**실라** 시대 때 지어졌다고 했다. 찐빵도 사 먹었다. 그런데 엄마는 ㉢**임맛**이 없다고 안 드셨다.

내일은 부산에 간다. 바닷가에서 ㉣**물로리**를 할 거다. 빨리 내일이 왔으면 좋겠다.

07

다음 글을 참고하여 ㉠을 바르게 고쳐 쓰세요.

'첫날'은 '첫'의 ㅅ 받침이 '날'의 'ㄴ'을 닮아 [천날]로 소리 납니다.

㉠ 천날 → [   ]

08

㉡과 ㉢을 맞춤법에 맞는 말과 이으세요.

❶ ㉡ •
 • 신라
 • 신나

❷ ㉢ •
 • 입맛
 • 인맛

09

㉣을 맞춤법에 맞게 고쳐 쓴 것을 고르세요.

물놀이   물롤이

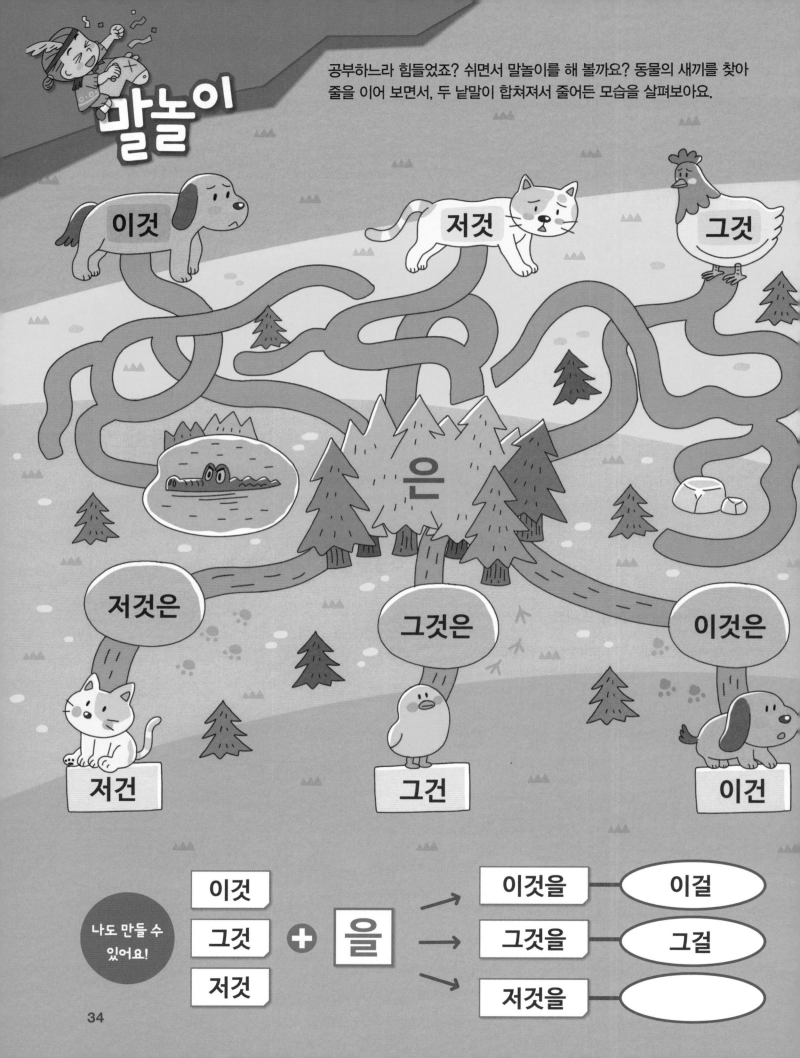

2

소리와 모양이 다른 여러 가지 말

1 ㅋ, ㅌ, ㅍ, ㅊ으로 소리 나는 말

원리가 쏙쏙

💡 **밑줄 친 말의 소리와 모양에 유의하며 읽어 보세요.**

막내가 초등학교에 <u>입학</u>하는 날
　　　　　　　　　[이팍]

사진을 찍을게요.

<u>맏형</u>은 왼쪽으로 오세요.
[마텽]

<u>사이좋게</u> 팔짱을 끼세요.
[사이조케]

고개를 뒤로 <u>젖히지</u> 마세요.
　　　　　　[저치지]

자, 찍어요. 하나, 둘, 찰칵!

》 '사이좋게, 맏형, 입학, 젖히지'의 소리와 모양이 다른 까닭을 알아보세요.

ㅎ+ㄱ=ㅋ	ㄷ+ㅎ=ㅌ	ㅂ+ㅎ=ㅍ	ㅈ+ㅎ=ㅊ
사이좋게	**맏형**	**입학**	**젖히지**
🔊 이렇게 읽어요! [사이조케]	[마텽]	[이팍]	[저치지]
✏️ 이렇게 써요! 사이좋게	맏형	입학	젖히지

ㄱ, ㄷ, ㅂ, ㅈ이 ㅎ과 합쳐지면 ㅋ, ㅌ, ㅍ, ㅊ으로 소리 나요. 그렇지만 쓸 때는 원래 소리 ㄱ, ㄷ, ㅂ, ㅈ과 ㅎ을 그대로 살려서 써야 해요.

엄마만 보세요 ㄱ, ㄷ, ㅂ, ㅈ 받침 뒤에 오는 말의 첫소리가 ㅎ이면 거센소리(ㅋ, ㅌ, ㅍ, ㅊ)로 바뀌어 소리 나고(예 입학 [이팍]), ㅎ 받침 뒤에 오는 말의 첫소리가 ㄱ, ㄷ, ㅂ, ㅈ일 때에도 거센소리로 바뀌어 소리 나기 때문에(예 넣다 [너:타]) 글자의 소리와 모양이 달라집니다. 이러한 점에 유의하여 지도해 주세요.

📝 **낱말을 소리 내어 읽은 다음 맞춤법에 맞게 따라 쓰세요.**

🔊 이렇게 읽어요!   ✏️ 이렇게 써요!

❶ 국화 → [구콰]   국 화

❷ 곱하기 → [고파기]   곱 하 기

❸ 막히다 → [마키다]   막 히 다 .

❹ 넣다 → [너ː타]   손을 넣 다 .

❺ 쌓다 → [싸타]   벽돌을 쌓 다 .

❻ 꽂히다 → [꼬치다]   화살이 꽂 히 다 .

❼ 맺히다 → [매치다]   눈물이 맺 히 다 .

❽ 대답하다 → [대ː다파다]   크게 대 답 하 다 .

37

✏️ 맞춤법에 맞는 말에 ◯표 하고, 다음 빈칸에 옮겨 쓰세요.

1  얼쑤, 지화자 조타 좋다 !

→

2  바다를 파랗게 파라케 색칠해 봐.

→

3 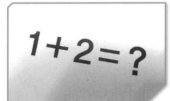 1과 2를 하파면 합하면 얼마가 되니?

→

✏️ 밑줄 친 말을 맞춤법에 맞게 고친 것을 보기 에서 골라 쓰세요.

보기
급히   착하다   낳다니

1  내 친구는 정말 **차카다**.

→

2 제가 **그피** 화장실을 가야 해요.

→

3  비둘기가 베란다에 알을 **나타니**, 정말 놀라워!

→

📝 채리가 친구에게 쪽지를 썼는데 맞춤법에 맞지 않은 말들이 있어요. 잘못 쓴 말을 바르게 고쳐 쓰세요.

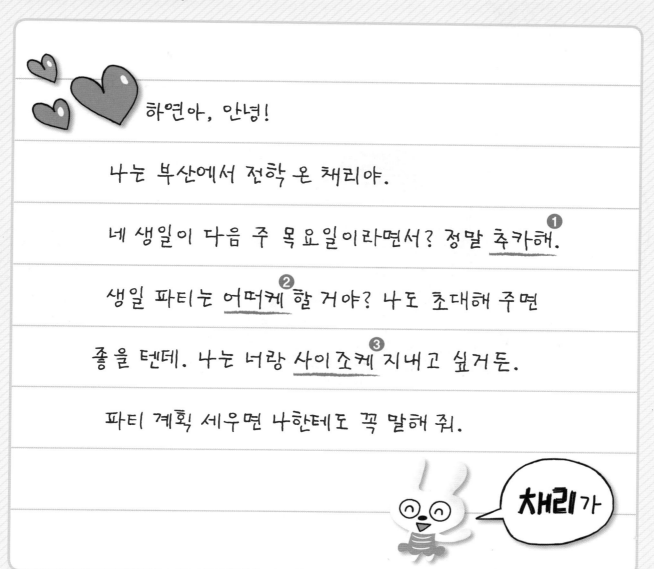

하연아, 안녕!

나는 부산에서 전학 온 채리야.

네 생일이 다음 주 목요일이라면서? 정말 축카해.❶

생일 파티는 어떠케❷ 할 거야? 나도 초대해 주면

좋을 텐데. 나는 너랑 사이조케❸ 지내고 싶거든.

파티 계획 세우면 나한테도 꼭 말해 줘.

채리가

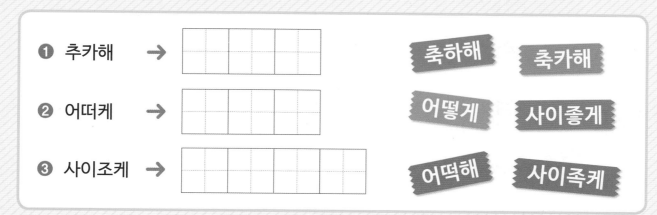

❶ 추카해 →

❷ 어떠케 →

❸ 사이조케 →

축하해   축카해

어떻게   사이좋게

어떡해   사이족케

2 ㅈ, ㅊ으로 소리 나는 말

원리가 쏙쏙

💡 찬영이의 쪽지에서 틀린 글자는 무엇인지 알맞은 말에 ○표 하세요.

아빠, 우리 가족 모두 가치 동해안에 해도지 보러 가요.

그래, 찬영아. '해돋이' 보러 같이 가자꾸나.

» (해도디 / 해돋이), (가티 / 같이)라고 고쳐 써야 합니다.

» '해돋이, 같이'의 소리와 모양이 다른 까닭을 알아보세요.

	🔊 이렇게 읽어요!	✏️ 이렇게 써요!
ㄷ+ㅣ=지 해돋이	[해도지]	해 돋 이
ㅌ+ㅣ=치 같이	[가치]	같 이

'돋'이 '이'와 만나면 받침 ㄷ이 ㅈ으로 바뀌어서 '돋이'가 [도지]로 소리 나고, '같'이 '이'와 만나면 받침 ㅌ이 ㅊ으로 바뀌어서 '같이'가 [가치]로 소리 나요. 그렇지만 쓸 때는 원래 받침 ㄷ, ㅌ과 '이'를 그대로 살려서 써야 해요.

엄마만 보세요 ㄷ, ㅌ 받침이 모음 ㅣ와 만나면 ㅈ, ㅊ으로 바뀌어 뒷말의 첫소리로 옮겨져서 소리 나기 때문에 글자의 소리와 모양이 달라집니다. 이러한 점에 유의하여 지도해 주세요.

📝 낱말을 소리 내어 읽은 다음 맞춤법에 맞게 따라 쓰세요.

🔊 이렇게 읽어요!   ✏️ 이렇게 써요!

① 미닫이 ➡ [미ː다지]   미 닫 이

② 턱받이 ➡ [턱빠지]   턱 받 이

③ 해돋이 ➡ [해도지]   해 돋 이

④ 같이 ➡ [가치]   같 이   가자.

⑤ 붙이다 ➡ [부치다]   우표를 붙 이 다 .

⑥ 묻히다 ➡ [무치다]   물을 묻 히 다 .

⑦ 솥 + 이 ➡ [소치]   솥 이   무겁다.

⑧ 밭 + 이 ➡ [바치]   밭 이   넓다.

✏️ 맞춤법에 맞는 말에 ⬭표 하고, 빈칸에 옮겨 쓰세요.

❶  항아리는 (밑이 / 미치) 평평해요.

→

❷  비가 많이 오는데 (굳이 / 구지) 놀이공원에
가야 할까?

→

❸  동굴 안을 (샅사치 / 샅샅이) 조사해 봤지만
보물은 나오지 않았어요.

→

✏️ 다음 문장을 읽고, 밑줄 친 말을 바르게 고쳐 쓰세요.

❶  끝

이 바다의 **끄치** 어디일까?

→ 이 바다의 [   ] 어디일까?

❷  밭

여기가 할머니의 **바치에요**.

→ 여기가 할머니의 [   ] .

✎ 우영이가 일기를 썼는데 맞춤법에 맞지 않은 말들이 있어요. 잘못 쓴 말을 바르게 고쳐 쓰세요.

2월 9일 토요일	날씨 

엄마가 아기를 낳았다. 그래서 엄마한테는 비밀로 하고

축하 파티를 준비했다. 도화지에 '엄마, 사랑해요.'라고 글씨

를 써서 부치고❶, 예쁜 풍선도 달았다.

엄마가 무척 기뻐했다. 동생은 목에 귀여운 턱바지❷를 하고

있었다. 정말 사랑스러웠다.

나, 둘째 호영이, 막내 호식이, 이제 우리 집은 아들이 세

명이다. 할머니 말씀처럼 내가 마지❸니까 앞으로 동생들을

잘 돌봐야겠다.

❶ 부치고 → [   ]   붙치고   붙이고

❷ 턱바지 → [   ]   턱받이   턱밭이

❸ 마지 → [   ]   맏이   맞이

43

3 ㄴ, ㄹ 소리가 덧나는 말

💡 문자 대화 내용 중 딸이 잘못 쓴 말을 바르게 고친 것에 ○표 하세요.

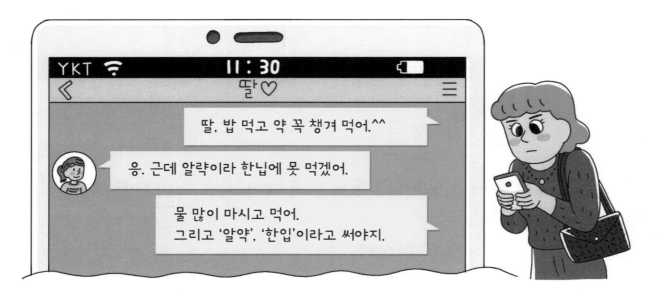

딸, 밥 먹고 약 꼭 챙겨 먹어.^^

응. 근데 알략이라 한닙에 못 먹겠어.

물 많이 마시고 먹어.
그리고 '알약', '한입'이라고 써야지.

» (알냑 / 알약), (한임 / 한입)으로 고쳐 써야 합니다.

» '한입, 알약'의 소리와 모양이 다른 까닭을 알아보세요.

	🔊 이렇게 읽어요!	✏️ 이렇게 써요!
ㄴ이 더해짐 한 + 입	[한닙]	한 입
ㄹ이 더해짐 알 + 약	[알략]	알 약

'한입'은 '한'이 '입'과 만나면서 ㄴ이 더해져 [한닙]으로 소리 나고,
'알약'은 '알'이 '약'과 만나면서 ㄹ이 더해져 [알략]으로 소리 나요.
그렇지만 쓸 때는 ㄴ과 ㄹ을 빼고 써야 해요.

엄마만 보세요 두 개의 낱말이 합쳐져서 하나의 낱말을 이룰 때 앞 글자의 받침이 있고 뒤 글자의 첫소리가 ㅣ, ㅑ, ㅕ, ㅛ, ㅠ이면 뒤 글자에 ㄴ이나 ㄹ이 더해져서 소리 나기 때문에 글자의 소리와 모양이 달라집니다. 이러한 점에 유의하여 지도해 주세요.

📝 낱말을 소리 내어 읽은 다음 맞춤법에 맞게 따라 쓰세요.

🔊 이렇게 읽어요!   ✏️ 이렇게 써요!

①  콩 + 엿 → [콩녇]   콩 엿

②  솜 + 이불 → [솜ː니불]   솜 이 불

③  색 + 연필 → [생년필]   색 연 필

④  한 + 여름 → [한녀름]   한 여 름

⑤  알 + 약 → [알략]   알 약

⑥  풀 + 잎 → [풀립]   풀 잎

⑦  솔 + 잎 → [솔립]   솔 잎

⑧  전철 + 역 → [전ː철력]   전 철 역

소리하는 모양이 다른 여러 가지 말

📝 밑줄 친 말이 바르게 쓰인 문장에 ✓표 하세요.

❶ 우리 손주, **호박닢** 쌈 한 번 먹어 볼래? ☐

호박잎은 거칠어서 먹기 싫어요. ☐

❷ 아빠, 여기가 **서울역**이에요? ☐

아니, 여기는 옛날 **서울력**이야. ☐

📝 맞춤법에 맞는 말에 ◯표 하고, 빈칸에 옮겨 쓰세요.

❶ 늦여름

늦녀름

☐☐☐☐ 이 되면 밤에 조금 시원해질 거야.

❷ 떡닙

떡잎

처음 싹이 터서 나오는 잎을 ☐☐ 이라고 해.

❸ 한글랄

한글날

10월 9일은 ☐☐☐☐ 입니다.

✏️ 슬기가 만화를 그렸는데 맞춤법에 맞지 않은 말들이 있어요. 잘못 쓴 말을 바르게 고쳐 쓰세요.

❶ 담뇨 →

❷ 한녀름 →

❸ 부엌닐 →

담요　담묘

부엉닐　부엌일

한여름　한려름

47

원리가 쏙쏙

💡 쪽지에서 잘못 쓴 낱말은 무엇인지 알맞은 말에 ◯표 하세요.

>> (노랫쏘리 / 노랫소리)라고 써야 하는데, 소리 나는 대로 썼습니다.

>> '노랫소리'의 소리와 모양이 다른 까닭을 알아보세요.

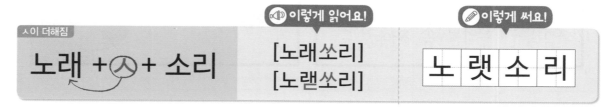

'노랫소리'는 '노래'와 '소리'가 합쳐진 말로 [노래쏘리/노랜쏘리]로 소리 나요.
이때 낱말 사이에 들어가는 'ㅅ'을 사이시옷이라고 해요.
쓸 때는 ㅅ 받침을 넣어 '노랫소리'라고 써야 해요.

엄마만 보세요 두 낱말이 합쳐져서 한 낱말을 이룰 때 앞말이 모음으로 끝나고 뒷말이 ㄱ, ㄷ, ㅂ, ㅅ, ㅈ으로 시작되면 예사소리 (ㄱ, ㄷ, ㅂ, ㅅ, ㅈ)가 된소리(ㄲ, ㄸ, ㅃ, ㅆ, ㅉ)로 바뀌어 소리 나는데, 이럴 때는 ㅅ 받침을 넣어서 씁니다. 이러한 점에 유의하여 지도해 주세요.

📝 낱말을 소리 내어 읽은 다음 맞춤법에 맞게 따라 쓰세요.

🔊 이렇게 읽어요! ✏️ 이렇게 써요!

❶ 초 + 불 → [초뿔] [촏뿔] → 촛불

❷ 뒤 + 산 → [뒤ː싼] [뒫ː싼] → 뒷산

❸ 시내 + 가 → [시ː내까] [시ː낻까] → 시냇가

❹ 코 + 구멍 → [코꾸멍] [콛꾸멍] → 콧구멍

❺ 뒤 + 다리 → [뒤ː따리] [뒫ː따리] → 뒷다리

❻ 아래 + 집 → [아래찝] [아랟찝] → 아랫집

❼ 비 + 자루 → [비짜루] [빋짜루] → 빗자루

❽ 비누 + 방울 → [비누빵울] [비눋빵울] → 비눗방울

49

✎ 사진의 이름이 바르게 쓰인 낱말에 ◯표 하세요.

❶
코쑤염
콧수염

❷
찰잔
찻잔

❸
바윗돌
바위똘

❹
나뭇가지
나묻까지

✎ 밑줄 친 말을 맞춤법에 맞게 고친 것을 보기 에서 골라 쓰세요.

보기
뒷좌석   빗방울   외갓집   윗집

❶  **비빵울**이 들어오니까 창문을 닫아야겠다.

→ | | | | | |

❷  버스의 **뒤좌석**이 비어 있어요.

→ | | | | |

말풍선: 사이시옷이 들어가야 하는 말이네.

❸  바로 **위찝**이 저희 **외가찝**이에요.

→ | | | | → | | | | |

✎ 재성이가 시를 썼는데 맞춤법에 맞지 않은 말들이 있어요. 잘못 쓴 말을 바르게
고쳐 쓰세요.

> ### 급식 시간
>
> 이재성
>
> 급식 시간이 다가와요.
> 벌름벌름 코구멍이 열려요. ❶
> 킁킁 냄새를 맡아요.
>
> 오늘 메뉴는 소시지 볶음이야.
> 소곤소곤 짝과 귀쏙말을 해요. ❷
>
> 엉덩이가 들썩들썩
> 슬금슬금 뒫자리로 가서 ❸
> 뛸 준비를 해요.

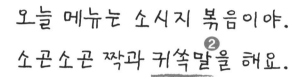

사이시옷이
붙은 말이야.

❶ 코구멍 →

❷ 귀쏙말 →

❸ 뒫자리 →

코꾸멍   콧구멍

귀속말   귓속말

뒷자리   뒤자리

이어 주거나 늘어놓을 때 쓰는 말

💡 띄어쓰기 원칙 : 이어 주거나 늘어놓을 때 쓰는 말은 앞말과 띄어 써요.

두 말을 이어 주거나 늘어놓을 때 쓰는 말에는 무엇이 있을까요? '청팀 대 백팀', '딸기, 바나나 등', '과일 및 채소'에 쓰인 '대', '등', '및' 이 두 말을 이어 주거나 늘어놓을 때 쓰는 말이에요.

예 한국∨대∨미국 / 국어∨및∨수학

위 문장처럼 두 말을 이어 주거나 늘어놓을 때 쓰는 말은 앞말과 띄어 써요.

✏️ **밑줄 친 부분을 바르게 띄어 쓴 문장을 고르세요.**

1.

❶ <u>3반대4반</u>의 피구 경기가 시작되었다.

❷ <u>3반 대 4반</u>의 피구 경기가 시작되었다.

2.

❶ <u>유치원생및초등학생</u>은 무료입니다.

❷ <u>유치원생 및 초등학생</u>은 무료입니다.

3.

❶ 필통 속에 연필, 자, <u>지우개등이</u> 들어 있다.

❷ 필통 속에 연필, 자, <u>지우개 등이</u> 들어 있다.

✎ 띄어쓰기가 바른 문장을 고르세요.

1.
❶
| 한 | 국 | 대 | | 일 | 본 | 의 | | 축 | 구 | | 경 | 기 | |

❷
| 한 | 국 | | 대 | | 일 | 본 | 의 | | 축 | 구 | | 경 | 기 |

2.
❶
| 가 | 정 | | 및 | | 학 | 교 | 에 | 서 | | 할 | | 일 |

❷
| 가 | 정 | 및 | | 학 | 교 | 에 | 서 | | 할 | | 일 |

✎ 띄어쓰기에 유의하며 문장을 빈칸에 옮겨 쓰세요.

1.
| 삼 | ⋁ | 대 | ⋁ | 일 | 로 | ⋁ | 이 | 긴 | ⋁ | 경 | 기 | | | |
| | ⋁ | | ⋁ | | | ⋁ | | | ⋁ | | | | | |

2.
| 세 | 수 | ⋁ | 및 | ⋁ | 양 | 치 | 질 | 은 | ⋁ | 꼭 | ⋁ | 하 | 자 | . |
| | | ⋁ | | ⋁ | | | | | | ⋁ | | ⋁ | | . |

✎ 띄어 써야 할 곳에 ⋁표 하고, 문장을 바르게 옮겨 쓰세요.

1. 상추와고추등은채소에해당해.

→ ～～～～～～～～～～～～～～～～～～～～～～～～～～～

2. 휴지밎쓰레기는여기에버리세요.

→ ～～～～～～～～～～～～～～～～～～～～～～～～～～～

01

밑줄 친 말이 바르게 쓰인 것에는 ○표, 잘못 쓰인 것에는 ✕표 하세요.

❶ 길이 **막히면** 돌아가세요. ( )

❷ 색종이를 오려서 풀로 **부쳐요**. ( )

❸ **꽃닢** 위에 이슬방울이 맺혀 있었다. ( )

❹ **뒷자리**에 앉지 말고 앞으로 나오세요. ( )

❺ 거인은 **코구멍**을 벌름거리면서 빵 냄새를 맡았다.
( )

02

빈칸에 공통으로 들어갈 받침을 보기에서 골라 쓰세요.

보기
ㄷ ㅅ ㅁ

❶ 다요☐ 소이불☐ 가잎☐

❷ 턱바이☐ 구이☐ 해도이☐

❸ 차잔☐ 코구멍☐ 시내물☐

03

빈칸에 알맞은 말을 보기에서 골라 쓰세요.

보기
맺혀 같이 전철력 뒷다리
매쳐 가치 전철역 뒤따리

❶ 컵에 물방울이 ☐ 있었다.

❷ 엄마, 저랑 ☐ 영화 보러 가요.

❸ 학생, ☐ 이 어느 쪽에 있지?

❹ 개구리는 앞다리가 먼저 나와요, ☐ 가 먼저 나와요?

04

빈칸에 들어갈 말을 알맞게 이으세요.

❶ 우리 ☐ 놀이 할까?
· ㉠ 비누방울
· ㉡ 비눗방울

❷ 침대 밑을 ☐ 찾아보았니?
· ㉠ 샅샅이
· ㉡ 샅사치

❸ 노란 ☐ 이 마당에 많이 떨어져 있었다.
· ㉠ 나뭇닢
· ㉡ 나뭇잎

❹ 지난 일요일에 이모가 아기를 ☐ .
· ㉠ 낳으셨어
· ㉡ 나으셨어

05

맞춤법에 맞는 말에 ◯표 하세요.

❶ 문틈에 손을 | 너치 ┊ 넣지 | 마세요.

❷ | 색년필 ┊ 색연필 | 이 필요해요.

❸ | 미닫이문 ┊ 미다지문 | 을 열어 주세요.

❹ 아저씨들이 벽돌을 | 싸코 ┊ 쌓고 | 계셨다.

❺ | 비빵울 ┊ 빗방울 | 떨어지는 소리가 크게 들려요.

06

밑줄 친 말을 바르게 고쳐 쓰세요.

❶ 누군가 들을지도 모르니까 **귀쏙말**로 조용히 말할
게요.

→

❷ 미술시간에 앞치마를 입어서 옷에 물감을 **무치지**
않도록 해요.

→

❸ 아기는 어려서 가루약보다는 **물략**을 먹여야 해.

→

❹ 우리 둘이 힘을 **하파면** 이 돌을 치울 수 있어.

→

◇ **다음 글을 읽고 물음에 답하세요.(7~9)**

> 아빠가 그러시는데 엄마는 아기 돌보느라
> 힘드시대요. 그리고 제가 ㉠**마지**니까 동생
> 을 잘 돌봐야 한대요.
>
> 엄마, 앞으로는 식탁에 숟가락, 젓가락도
> ㉡**노코**, 빈 그릇은 설거지통에 ㉢**너을게요.**
> 그리고 ㉣**차칸** 아들이 되기 위해 노력할게
> 요. 엄마, 사랑해요.

07

**㉠은 다음 뜻을 가진 낱말을 소리 나는 대로 쓴
것입니다. 바르게 쓴 것을 고르세요.**

> 여러 형제자매 가운데서 제일 손위인 사람.

| 맏이 | 맞이 |

08

㉡과 ㉢을 맞춤법에 맞는 말과 이으세요.

❶ ㉡ •   • 놓고   ❷ ㉢ •   • 널을게요

          • 놋코   • 넣을게요

09

㉣을 맞춤법에 맞게 고쳐 쓰세요.

㉣ 차칸 →

말놀이

공부하느라 힘들었죠? 쉬면서 말놀이를 해 볼까요? 과일과 바구니를 줄로 이어 보면서, 두 낱말이 합쳐져서 줄어든 모습을 살펴보아요.

나

너

우리

너는

우리는

나는

넌

우린

난

나도 만들 수 있어요!

나
너
우리

+

를

나를

너를

우리를

56

3

받침이 두 개인 말

앗! 어렵겠구만.

어떡해~~!! 받침이 두 개나 있대.

원리가 쏙쏙

아란이의 일기장에서 잘못 쓴 말은 무엇인지 알맞은 말에 ○표 하세요.

> 월 9일 수요일 맑음
> 아빠가 담배를 끄너
> 보겠다고 하셨다.
> 아빠가 담배를 끈토록
> 나도 도울 거다.

> 아란이가 아빠 생각을 많이 하는구나. 근데 '끊어'와 '끊도록'으로 고쳐야겠는데……

» (끄너 / 끊어), (끊토록 / 끊도록)이라고 고쳐 써야 합니다.

» '끊어, 끊도록'의 소리와 모양이 다른 까닭을 알아보세요.

	🔊 이렇게 읽어요!	✏️ 이렇게 써요!
ㅎ이 없어짐 끊(다) + 어	[끄너]	끊 어
ㅎ이 ㄷ과 합쳐져 ㅌ이 됨 끊(다) + 도록	[끈토록]	끊 도 록

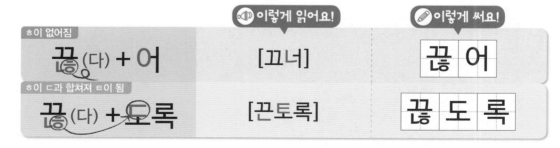

'끊' 뒤에 '-어'가 오면 '끊어'가 [끄너]로 소리 나고, '끊' 뒤에 '-도록'이 오면 '끊도록'이 [끈토록]으로 소리 나요. 그렇지만 쓸 때는 ㄶ 받침을 그대로 살려서 써야 해요.

엄마만 보세요 ㄶ이나 ㅀ 받침 뒤의 글자가 모음자로 시작하면 ㅎ이 탈락하고 ㄴ과 ㄹ만 뒤 글자의 첫소리로 옮겨져서 소리 나요(예 끊어[끄너], 싫어[시러]). 그런데 ㄶ이나 ㅀ 받침 뒤에 첫소리가 ㄱ, ㄷ, ㅈ인 글자가 오면 ㄱ, ㄷ, ㅈ이 ㅎ과 합쳐져서 [ㅋ, ㅌ, ㅊ]으로 소리 나요(예 끊다 [끈타], 싫다 [실타]). 이러한 점에 유의하여 지도해 주세요.

낱말을 소리 내어 읽은 다음 맞춤법에 맞게 따라 쓰세요.

이렇게 읽어요!   이렇게 써요!

❶

많다

많 다 + 아요

[만ː타]

[마ː나요]   딸기가

많 다 .

많 아 요 .

❷

끊다

끊 다 + 어요

[끈타]

[끄너요]   줄을

끊 다 .

끊 어 요 .

❸

뚫다

뚫 다 + 어요

[뚤타]

[뚜러요]   구멍을

뚫 다 .

뚫 어 요 .

❹

꿇다

꿇 다 + 어요

[꿀타]

[꾸러요]   무릎을

꿇 다 .

꿇 어 요 .

❺

괜찮다

괜찮 다 + 아

[괜찬타]

[괜차나]   넘어져도

괜 찮 다 .

괜 찮 아 .

받침이 두 개인 말

✎ 대화 내용을 살펴보고, 색 글자가 바르게 쓰인 문장을 고르세요.

❶

㉠ 엄마, 아란이가 저를 귀찬케 해요.

㉡ 동생을 귀찮다고 생각하면 안 되지.

㉢ 귀찬아도 조금만 참아 볼게요.

❷ ㉠ 물이 끓고 있는지 봐 줄래?

㉡ 아직 끌치는 않아요.

㉢ 물이 끌으면 바로 얘기해.

❸

㉠ 오늘은 학교에 가지 안아요.

㉡ 학교에 가지 않을 때에는 무엇을 하니?

㉢ 아무것도 하지 안코 책만 읽어요.

✎ 밑줄 친 말의 기본형을 참고하여 맞춤법에 맞게 고쳐 쓰세요.

❶

끊다

고무줄이 **끈어져** 버렸어.

→ 고무줄이 [　][　][　][　] 버렸어.

❷

싫다

저는 개가 얼굴을 핥는 것이 **실어요**.

→ 저는 개가 얼굴을 핥는 것이 [　][　][　][　].

❸

꿇다

절대 무릎을 **꿀치**  않겠다.

→ 절대 무릎을 [　][　][　] 않겠다.

✏️ 해윤이가 반 친구들에게 당부하는 글을 썼는데, 맞춤법에 맞지 않은 말들이 있어요. 잘못 쓴 말을 바르게 고쳐 쓰세요.

우리 반 친구들에게

친구들아! 한 달 동안 책 도우미를 하면서 느낀 점을 말할게.

첫째, 우리 반에는 책이 만치 않아. 그래서 여러 사람이 읽으려면

책을 집에 가져가서는 안 될 것 같아.

둘째, 책은 쉽게 다라지자나. 그러니까 침을 묻히거나 더러운 손으로

만지지 말아 줘.

셋째, 책을 빌려 갔다가 혹시 이러버리면 나한테 먼저 얘기해 줘.

부탁이야.

책 도우미 이해윤 ♥

 겹받침을 살려서 써야 할 텐데……

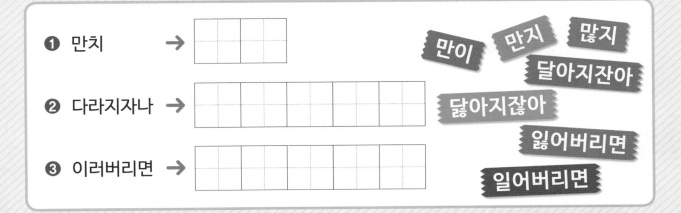

❶ 만치 →

❷ 다라지자나 →

❸ 이러버리면 →

만이 만지 많지
달아지잔아
닳아지잖아
잃어버리면
일어버리면

원리가 쏙쏙

💡 학생이 잘못 쓴 말은 무엇인지 알맞은 말에 ○표 하세요.

강당

수고가 많구나.

아무 데나 안찌 말고 앞에서부터 순서대로 안자 주세요.

○ ○ 학예회

그런데 '앉지'와 '앉아'를 잘못 썼어.

» (안지 / 앉지), (앉자 / 앉아)라고 써야 하는데, 소리 나는 대로 썼습니다.

» '앉지, 앉아'의 소리와 모양이 다른 까닭을 알아보세요.

	🔊 이렇게 읽어요!	✏️ 이렇게 써요!
ㅈ이 없어짐 앉(다) + 지	[안찌]	앉 지
ㅈ이 뒤로 넘어감 앉(다) + 아	[안자]	앉 아

 '앉' 뒤에 '-지'가 오면 '앉지'가 [안찌]로 소리 나고, '앉' 뒤에 '-아'가 오면 '앉아'가 [안자]로 소리 나요. 그렇지만 쓸 때는 ㄵ 받침을 그대로 살려서 써야 해요.

📝 **낱말을 소리 내어 읽은 다음 맞춤법에 맞게 따라 쓰세요.**

🔊 이렇게 읽어요!   ✏️ 이렇게 써요!

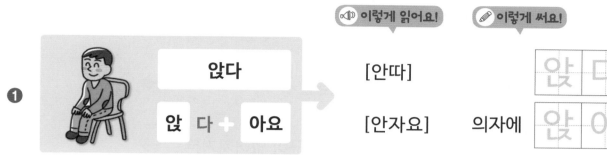

❶ 앉다 / 앉 다 + 아요
→ [안따] / [안자요]

앉 다 .
의자에 앉 아 요 .

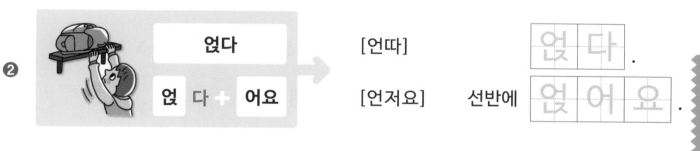

❷ 얹다 / 얹 다 + 어요
→ [언따] / [언저요]

얹 다 .
선반에 얹 어 요 .

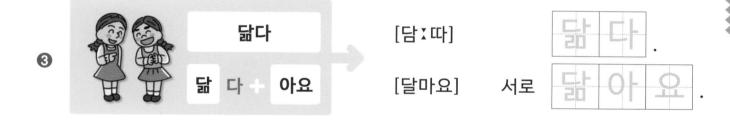

❸ 닮다 / 닮 다 + 아요
→ [담ː따] / [달마요]

닮 다 .
서로 닮 아 요 .

❹ 젊다 / 젊 다 + 은
→ [점ː따] / [절믄]

젊 다 .
젊 은 사람

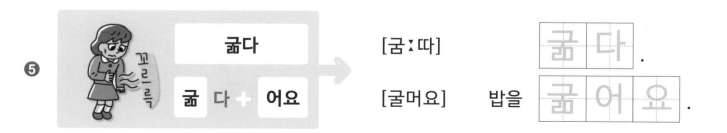

❺ 굶다 / 굶 다 + 어요
→ [굼ː따] / [굴머요]

굶 다 .
밥을 굶 어 요 .

받침이 두 개인 말

◎ 밑줄 친 말을 맞춤법에 맞게 고친 것을 보기 에서 골라 쓰세요.

보기			
삶아야	삶는	닮지	닮았네

① 엄마, 우유병은 왜 **삶는** 거예요? →

뜨거운 물에 **살마야** 세균이 없어지거든. →

② 너희 쌍둥이구나! 많이 **달맜네**. →

그래? 우리는 별로 **담찌** 않았다고 생각했는데…… →

◎ 밑줄 친 말의 기본형을 참고하여 맞춤법에 맞게 고쳐 쓰세요.

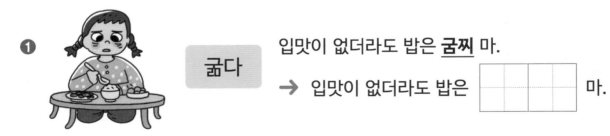

① 굶다

입맛이 없더라도 밥은 **굼찌** 마.

→ 입맛이 없더라도 밥은 [　　] 마.

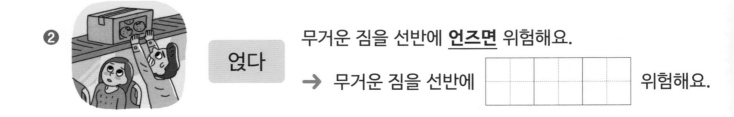

② 얹다

무거운 짐을 선반에 **언즈면** 위험해요.

→ 무거운 짐을 선반에 [　　　] 위험해요.

✎ 태강이가 버스에서 겪은 일을 글로 썼는데, 맞춤법에 맞지 않은 말들이 있어요.
잘못 쓴 말을 바르게 고쳐 쓰세요.

사탕 버스

일요일에 아빠랑 버스를 탔다. 아빠가 얼른 빈자리에

안즈라고❶ 했다. 그런데 다음 정거장에서 할머니가 타셨다.

아빠는 나더러 일어나라고 했다. 나는 할머니께 자리를

양보했다. 그러자 할머니가 말씀하셨다.

"요즘은 절믄❷ 사람들이 양보를 잘 안해. 고맙다. 꼬마야."

하시며 사탕 하나를 주셨다.

나도 의자에 안꼬❸ 싶었지만, 버스에서 아빠 손을 꼭 잡고

서서 갔다. 버스가 흔들리는 것도 재미있었다. 할머니가

주신 사탕도 아주 맛있었다.

사탕
맛있겠다.

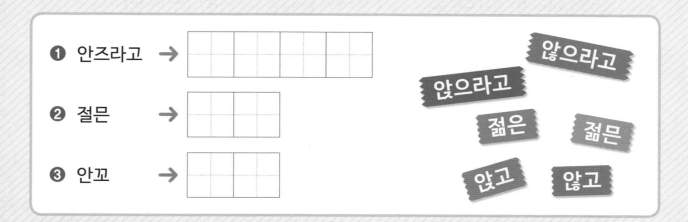

❶ 안즈라고 →

❷ 절믄 →

❸ 안꼬 →

않으라고

앉으라고

젊은   젊믄

앉고   않고

원리가 쏙쏙

💡 보라가 문자를 보고 당황한 까닭은 무엇인지 알맞은 말에 ○표 하세요.

민지가 '읽더라'와 '읽을'을 소리 나는 대로 썼네.

민지

보라야, 국어 시간에 책 잘 익떠라. 어떻게 하면 그렇게 잘 일글 수 있니?

≫ 민지가 (일떠라 / 읽더라), (익을 / 읽을)이라고 써야 하는데, 소리 나는 대로 썼기 때문입니다.

≫ '읽더라, 읽을'의 소리와 모양이 다른 까닭을 알아보세요.

	🔊 이렇게 읽어요!	✏️ 이렇게 써요!
ㄹ이 없어짐 읽(다) + 더라	[익떠라]	읽 더 라
ㄱ이 뒤로 넘어감 읽(다) + 을	[일글]	읽 을

'읽' 뒤에 '-더라'가 오면 '읽더라'가 [익떠라]로 소리 나면서 'ㄹ'이 사라져요.
그런데 '읽' 뒤에 '-을'이 오면 '읽을'이 [일글]로 소리 나면서 'ㄱ'이 뒤로 넘어가죠.
그렇지만 쓸 때는 ㄹㄱ 받침을 그대로 살려서 써야 해요.

 엄마만 보세요

ㄹㄱ이나 ㄹㅂ 받침 뒤에 자음으로 시작하는 글자가 오면 두 받침 중 하나만 소리 나요(예 읽다 [익따], 읽기 [일끼] / 밟다 [밥:따]. 짧다 [짤따]). 또 ㄹㄱ이나 ㄹㅂ ㄹㅌ 받침 뒤에 모음으로 시작하는 글자가 오면 앞 받침만 남고 뒤 받침은 뒤 글자의 첫소리로 넘어가서 소리 나기(예 읽은 [일근] / 밟은 [발븐]) 때문에 글자의 소리와 모양이 달라집니다. 이러한 점에 유의하여 지도해 주세요.

낱말을 소리 내어 읽은 다음 맞춤법에 맞게 따라 쓰세요.

◀)) 이렇게 읽어요!   ✎ 이렇게 써요!

❶ 닭 → [닥] → 닭

닭 + 이 → [달기] → 닭 이 있어요.

❷ 흙 → [흑] → 흙

흙 + 을 → [흘글] → 흙 을 모아요.

❸ 밝다 → [박따] → 밝 다 .

밝 다 + 아요 → [발가요] → 달이 밝 아 요 .

❹ 넓다 → [널따] → 넓 다 .

넓 다 + 어요 → [널버요] → 방이 넓 어 요 .

❺ 얇다 → [얇ː따] → 얇 다 .

얇 다 + 아요 → [얄바요] → 책이 얇 아 요 .

67

✎ 밑줄 친 말의 기본형을 참고하여 맞춤법에 맞게 고쳐 쓰세요.

❶ 굵다

감자가 알이 정말 **굴거요**.

→ 감자가 알이 정말 [ ][ ][ ] .

❷ 늙다

할머니, 더 이상 **늑찌** 마세요.

→ 할머니, 더 이상 [ ][ ] 마세요.

❸ 밝다

방이 어두워요. **발께** 불을 켜 주세요.

→ 방이 어두워요. [ ][ ] 불을 켜 주세요.

✎ 밑줄 친 말을 바르게 고쳐 쓰세요.

❶ 맑다

하늘이 무척 **말가요**. → [ ][ ][ ]

지금은 하늘이 **막찌만**
곧 흐려질 거야. → [ ][ ][ ][ ]

❷ 넓다

우리 학교 운동장 정말 **널쬬**? → [ ][ ]

20년 전에는
지금보다 더 **널벘단다**. → [ ][ ][ ][ ][ ]

✏️ 은혜가 일기를 썼는데 맞춤법에 맞지 않은 말들이 있어요. 잘못 쓴 말을 바르게 고쳐 쓰세요.

6 월 20 일 금요일	날씨 맑음

제목 : 우람이의 승리

　오늘 우리 반 남자 아이들끼리 쉬는 시간에 <u>닥싸움</u>❶을 했다.

한꺼번에 싸워서 딱 한 명만 승리하는 게임이다.

　<u>여덜</u>❷ 명이 동시에 닭싸움을 시작했다. 나는 열심히 내 짝꿍

우람이를 응원했다.

　우람이는 다리가 <u>짤븐데</u>❸ 코끼리처럼 튼튼하다.

　결국 내가 응원한 우람이가 이겼다. 다음에도 또 우람이가

이겼으면 좋겠다.

❶ 닥싸움 →

❷ 여덜 →

❸ 짤븐데 →

성과 이름은 붙여 써요!

💡 띄어쓰기 원칙 1 : 성과 이름은 붙여 써요.

💡 띄어쓰기 원칙 2 : 이름 뒤에 붙는 말이나 직업을 나타내는 말은 띄어 써요.

예 김민수 / 김민수∨씨 / 김민수∨박사

위에서 '김민수'는 성과 이름을 모두 붙여 썼어요. 하지만 '씨, 군, 양' 등과 같이 호칭을 나타내는 말이나, '박사, 선생님, 장군' 등과 같이 직업을 나타내는 말은 띄어 써야 해요.

여기서 잠깐! 성과 이름은 원래 붙여 써야 하지만 성과 이름을 분명하게 구분해야 할 때는 띄어 쓸 수도 있어요. 예를 들어 볼까요?

예 황보영 / 황보∨영 / 황∨보영
　　성 이름　　성　이름　　성　이름

우리나라에는 '남궁, 독고, 제갈, 황보' 등과 같이 두 글자로 된 성이 있어요. '황보영' 같은 경우에 성이 '황보'이고 이름이 '영'인지, 성이 '황'이고 이름이 '보영'인지 헷갈리죠? 그래서 이런 경우에는 성과 이름을 분명하게 구분하기 위해서 띄어 쓰기도 합니다.

📝 밑줄 친 부분을 바르게 띄어 쓴 문장을 고르세요.

1.

❶ 박 소영과 이 지연은 친구 사이이다.

❷ 박소영과 이지연은 친구 사이이다.

2.

❶ 내가 존경하는 위인은 이순신장군이다.

❷ 내가 존경하는 위인은 이순신 장군이다.

📝 **띄어쓰기가 바른 문장을 고르세요.**

1.
❶

| 송 | 다 | 빈 | | 양 | 이 | | 노 | 래 | 를 | | 해 | 요 | . |

❷

| 송 | 다 | 빈 | 양 | 이 | | 노 | 래 | 를 | | 해 | 요 | . | |

2.
❶

| 저 | 분 | 이 | | 배 | 철 | 민 | 선 | 생 | 님 | 이 | 셔 | . |

❷

| 저 | 분 | 이 | | 배 | 철 | 민 | | 선 | 생 | 님 | 이 | 셔 | . |

📝 **띄어쓰기에 유의하며 문장을 빈칸에 옮겨 쓰세요.**

1.

| 박 | 시 | 진 | ∨ | 군 | 이 | ∨ | 누 | 구 | 인 | 가 | 요 | ? | |
| | | | ∨ | | | ∨ | | | | | | ? | |

2.

| 김 | ∨ | 박 | 사 | 님 | , | 어 | 서 | ∨ | 오 | 세 | 요 | . | |
| | ∨ | | | | , | | | ∨ | | | | . | |

📝 **띄어 써야 할 곳에 ∨표 하고, 문장을 바르게 옮겨 쓰세요.**

1. 이분이최민지씨입니다.

→ ~~~~~~

2. 박선생님도일찍오셨어요.

→ ~~~~~~

01

밑줄 친 말이 바르게 쓰인 것에는 ○표, 잘못 쓰인 것에는 ✕표 하세요.

① **굵은** 연필로 그림을 그려 주세요.   (   )

② 우리는 **넓은** 운동장을 신나게 달렸다.   (   )

③ 구두를 오래 신었더니 굽이 다 **달았어요**. (   )

④ 버스 안에서는 돌아다니지 말고 얌전히 **안자** 있어야 해.   (   )

02

빈칸에 들어갈 말을 알맞게 이으세요.

① 이게 네가 [   ] 책이니?
• ㉠ 일어버린
• ㉡ 잃어버린

② 제 방은 친구들 방에 비해 [   ] 않아요.
• ㉠ 넓지
• ㉡ 넙지

③ 한 [   ]가 버스에서 노인에게 자리를 양보했다.
• ㉠ 젊은이
• ㉡ 절믄이

④ 무릎을 [   ] 오래 앉아 있으면 다리가 아파.
• ㉠ 꿀고
• ㉡ 꿇고

⑤ 열이 많이 나서 밤새 끙끙 [   ].
• ㉠ 알았다
• ㉡ 앓았다

03

맞춤법에 맞는 말에 ○표 하세요.

① 넘어져도 [괜찮아 : 괜찬아]. 다시 일어서면 돼.

② 책이 [얇바서 : 얇아서] 금방 다 읽었어요.

③ 딱따구리가 나무에 구멍을 [뚫고 : 뚤고] 있어요.

④ 나는 아빠를 [달맜다는 : 닮았다는] 소리를 자주 듣는다.

04

다음은 소리 나는 대로 쓴 것입니다. 알맞은 말을 보기에서 골라 쓰세요.

보기
삶다   끊다   밝다

①
줄을 [끈타].
→ [   ]

② 달걀을 [삼따].
→ [   ]

③ 촛불이 [박따].
→ [   ]

05

빈칸에 알맞은 말을 보기 에서 골라 쓰세요.

보기

많구나	얇게	끌코	발근
만쿠나	얍게	끓고	밝은

❶ 백화점에 사람이 정말 [ ]!

❷ 옷을 [ ] 입었더니 조금 추워요.

❸ 가마솥에서 고깃국이 [ ] 있었다.

❹ 창밖이 [ ] 것을 보니 아침이 되었나 보다.

06

밑줄 친 말을 바르게 고쳐 쓰세요.

❶ 제 짐을 선반에 **언저** 주세요.

❷ 키가 커서 바지가 **짤바요**.

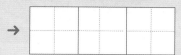

❸ 아침을 **굴머서** 배가 너무 고파요.

❹ **말근** 물이 흐르는 계곡에 왔어요.

◆ **다음 글을 읽고 물음에 답하세요.(7~9)**

주말농장 체험 일지

　감자를 캤다. 내 손보다 더 컸다. ㉠**살마서** 먹었는데 진짜 고소했다.

　아빠가 호미로 ㉡**흙글** 많이 쌓아 줄수록 감자가 ㉢**굴거진다고** 하셨다. 주말농장에 갈 때마다 ㉣**귀찬타며** 짜증 냈는데 조금 부끄러웠다. 가끔 벌레들이 나와서 징그러웠지만, 내가 캔 감자가 쏙쏙 튀어나올 때는 정말 재미있었다.

07

보기 를 참고하여 ㉠을 바르게 고쳐 쓰세요.

보기

젊(다) + 어서 → 젊어서

㉠ 삶(다) + 아서 → [ ]

08

㉡과 ㉢을 맞춤법에 맞게 고쳐 쓸 때, 빈칸에 공통으로 들어가는 겹받침을 쓰세요.

❶ ㉡ **흐**[ ]을

❷ ㉢ **구**[ ]어진다고

09

㉣을 맞춤법에 맞게 고쳐 쓴 것을 고르세요.

귀찮다며　　　귀찬따며

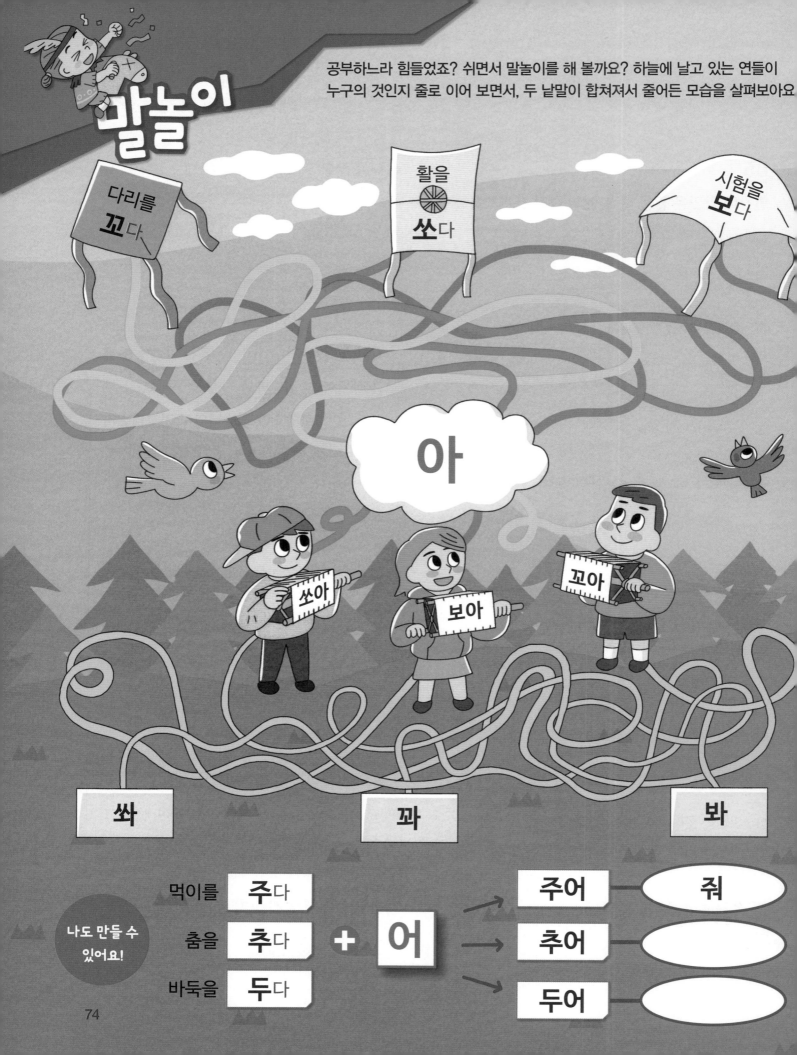

말놀이

공부하느라 힘들었죠? 쉬면서 말놀이를 해 볼까요? 하늘에 날고 있는 연들이
누구의 것인지 줄로 이어 보면서, 두 낱말이 합쳐져서 줄어든 모습을 살펴보아요.

다리를 **꼬**다

활을 **쏘**다

시험을 **보**다

아

쏘아

보아

꼬아

쏴

꽈

봐

나도 만들 수
있어요!

먹이를 **주**다

춤을 **추**다

바둑을 **두**다

+ 어

주어 — 줘

추어 —

두어 —

4

헷갈리기 쉬운 낱말

글자의 모양을
잘 기억해
두는 게 좋아!

받아쓰기할 때
맨날 틀리는
말들이야.

원리가 쏙쏙

💡 친구들이 잘못 쓴 글자를 살펴보세요.

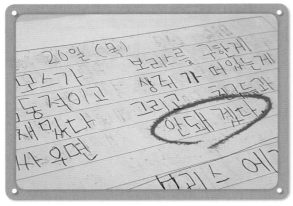

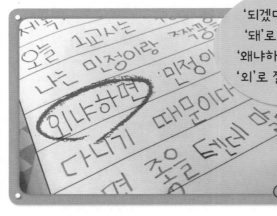

'되겠다'의 '되'를 '돼'로 잘못 쓰고, '왜냐하면'의 '왜'를 '외'로 잘못 썼네요.

》》 돼겠다와 외냐하면을 바르게 고쳐 쓴 것에 ◯표 하세요.

❶ | 되겠다 | 뒈겠다 |

❷ | 웨냐하면 | 왜냐하면 |

💡 색 글자에 유의하며 낱말을 소리 내어 읽어 보세요.

 **ㅚ** 외국인

 ㅙ 왜가리

 ㅞ 스웨터

 괴물

 괘종시계

 궤짝

 'ㅚ'는 'ㅗ'와 'ㅣ'가 합쳐진 글자이고, 'ㅙ'는 'ㅗ'와 'ㅐ'가 합쳐진 글자예요. 'ㅞ'는 'ㅜ'와 'ㅔ'를 어울러 썼어요. 발음이 비슷하니까 글자의 모양을 잘 기억해 두세요.

76

엄마만 보세요 'ㅚ'와 'ㅙ'와 'ㅞ'는 소리가 비슷하여 헷갈리기 쉬워요. 글자의 모양을 잘 익혀서 쓰는 것에 중점을 두어 지도해 주세요.

📝 낱말을 소리 내어 읽은 다음 맞춤법에 맞게 따라 쓰세요.

✏️ 이렇게 써요!   ✏️ 한번 더 써요!

❶  외투 → 외 투

❷ 최고 → 최 고

❸ 된장 → 된 장

❹ 돼지 → 돼 지

❺ 괜찮다 → 괜 찮 다

❻ 상쾌하다 → 상 쾌 하 다

❼ 꿰다 → 구슬을 꿰 다 . 구슬을   .

❽ 웨딩드레스 → 웨 딩 드 레 스

◈ 맞춤법에 맞게 쓴 낱말에 ◯표 하세요.

① 나는 | 참외 | 참왜 | 를 좋아해.

② 배가 아파서 | 조퇴 | 조퇘 | 를 했어요.

③ | 왼손 | 웬손 | 을 내밀어 보세요.

◈ 빈칸에 들어갈 알맞은 말에 ◯표 하고, 바르게 옮겨 쓰세요.

①
우리 엄마가 _____예요.
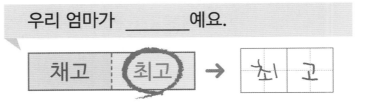
| 채고 | (최고) | → | 최 | 고 |

②
날이 추우니까 _____를 입고 가세요.
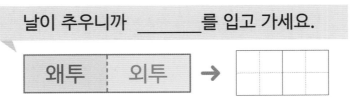
| 왜투 | 외투 | → | | |

③
길에 쓰레기를 함부로 버리면 안 _____.
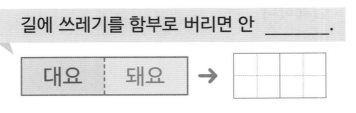
| 대요 | 돼요 | → | | |

'돼요'는
'되어요'가
줄어든 말이야.

④
바지 밑단이 뜯어졌어요. _____ 주세요.
| 꿰매 | 꼬매 | → | | |

78

✎ 나연이가 받아쓰기한 거예요. 틀린 것을 바르게 고쳐 쓰세요.

○학년 ○반 ○번   채나연

1. 얼음이 녹아서 물이 <u>돼었다</u>.

'되었다'나 '됐다'로 써야 해.

2. 엄마는 외삼촌 댁에 가셨어요.

3. 오늘 우리 반 회장 선거를 했어요.

'유쾌하다', '불쾌하다'와 같이 '쾌'를 써야 해.

4. 기분이 아주 <u>상퀘해</u>.

5. <u>괸히</u> 내 마음이 뿌듯하구나.

'괜히'는 '특별한 이유가 없이'라는 뜻이야.

6. 네가 웬일로 피자를 남겼니?

1. 돼었다 →

4. 상퀘해 →

5. 괸히 →

원리가 쏙쏙

💡 친구들이 잘못 쓴 글자를 살펴보세요.

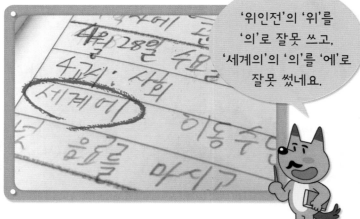

'위인전'의 '위'를
'의'로 잘못 쓰고,
'세계의'의 '의'를 '에'로
잘못 썼네요.

>> 의인전과 세계에를 바르게 고쳐 쓴 것에 ◯표 하세요.

❶ | 위인전 | 외인전 |

❷ | 세계의 | 세계애 |

💡 색 글자에 유의하며 낱말을 소리 내어 읽어 보세요.

ㅣ

 오이

ㅟ

 가위

ㅢ

 의사

 머리띠

 뛰어가다

 하얀 눈   띄어쓰기

'ㅟ'는 'ㅜ'와 'ㅣ'가 합쳐진 글자이고, 'ㅢ'는 'ㅡ'와 'ㅣ'가 합쳐진 글자예요.
또박또박 소리 내어 읽으면서 글자의 모양을 잘 확인하세요.

 엄마만
보세요   'ㅟ'와 'ㅢ'는 'ㅣ'와 소리가 비슷하여 헷갈리기 쉬워요. 특히 'ㅢ'는 'ㅣ'나 'ㅔ'로 소리 나는 경우도 있으니
글자의 모양을 잘 익혀서 쓰는 것에 중점을 두어 지도해 주세요(예 희망 [히망], 나의 [나의/나에]).

✎ 낱말을 소리 내어 읽은 다음 맞춤법에 맞게 따라 쓰세요.

✏ 이렇게 써요!   ✏ 한번 더 써요!

①  키위 ➡ 키 위

② 쉼표 ➡ 쉼 표

③  생쥐 ➡ 생 쥐

④  기저귀 ➡ 기 저 귀

⑤  뒹굴다 ➡ 뒹 굴 다

⑥  회의 ➡ 회 의

⑦  꽃무늬 ➡ 꽃 무 늬

⑧  씌우다 ➡ 모자를 씌 우 다 .   모자를 _____ .

📝 그림의 이름을 말한 다음 바르게 쓴 낱말에 ◯표 하세요.

❶ 당나기　당나귀

❷ 바퀴　바키

❸ 의자　으자

📝 맞춤법에 맞게 쓴 낱말에 ◯표 하고, 문장을 완성하세요.

❶ ⬤방귀
　방기

누가 | 방 | 귀 | 를 뀌었지?

❷ 추의
　추위

내일부터 [　|　] 가 계속된대요.

❸ 희망
　히망

모두 잘될 거라는 [　|　] 을 가져요.

❹ 주이
　주의

길이 미끄러우니까 [　|　] 하세요.

❹ 발뒤꿈치
　발디꿈치

[　|　|　|　] 에 흙이 묻었어요.

82

✏️ 연지가 받아쓰기한 거예요. 틀린 것을 바르게 고쳐 쓰세요.

○학년 ○반 ○번 서연지

1. 휘파람 불 줄 아니?

'위가 밑으로 되고, 밑이 위로 되게 하다.'라는 말은 '뒤집다'야

2. 생선이 타요. 얼른 디집어 주세요.

3. 부르는 말 뒤에 쉼표를 써요.

'예절'과 뜻이 비슷한 말을 생각해 봐.

4. 예이 바르게 인사합니다.

5. 방문에 힌색 페인트를 칠했어요.

하얀색을 다른 말로 하면?

6. 오늘 학급 회의를 했어요.

2. 디집어 → | | | | | | |

4. 예이 → | | | |

5. 힌색 → | | | |

원리가 쏙쏙

친구들이 잘못 쓴 글자를 살펴보세요.

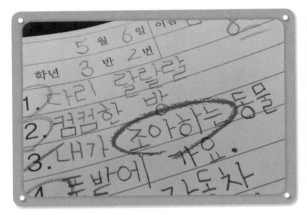

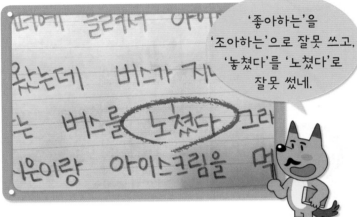

'좋아하는'을 '조아하는'으로 잘못 쓰고, '놓쳤다'를 '노쳤다'로 잘못 썼네.

» 조아하는과 노쳤다를 바르게 고쳐 쓴 것에 ◯표 하세요.

❶ 좋아하는 　　 조하하는 　　 ❷ 놋쳤다 　　 놓쳤다

색 글자에 유의하며 낱말을 소리 내어 읽어 보세요.

기분이 **좋다[조ː타]** .　새끼를 **낳다[나ː타]** .　책을 **쌓다[싸타]** .

기분이 **좋아[조ː아]**　새끼를 **낳은[나은]** 개　책이 **쌓여[싸여]** 있다.

ㅎ 받침이 들어간 글자는 뒤에 자음이 올 때와 모음이 올 때의 소리와 모양이 달라요. 소리 나는 대로 쓰지 말고, ㅎ 받침을 살려서 쓰세요.

엄마만 보세요
ㅎ 받침 뒤에 모음이 오면 ㅎ은 소리 나지 않고(예 놓은[노은]), 자음이 오면 경우에 따라 다르게 소리 나요(예 놓다[노타], 놓는[논는]). ㅎ이 소리 나지 않거나 다르게 소리 나더라도 쓸 때는 ㅎ 받침을 살려서 써야 한다는 것을 기억하여 낱말을 익히도록 지도해 주세요.

📝 낱말을 소리 내어 읽은 다음 맞춤법에 맞게 따라 쓰세요.

🔊 이렇게 읽어요!　　✏️ 이렇게 써요!

❶  좋아요 ➡️ [조ː아요] 　좋아요

❷ 빻다 ➡️ [빠ː타] 　마늘을 빻다.

❸ 쌓지 ➡️ [싸치] 　담을 쌓지 마세요.

❹ 놓고 ➡️ [노코] 　책을 놓고 가자.

❺ 빨갛게 ➡️ [빨ː가케] 　빨갛게 익은 사과

❻ 하얗게 ➡️ [하ː야케] 　하얗게 핀 꽃

❼ 동그랗다 ➡️ [동그라타] 　공이 동그랗다.

❽ 사이좋은 ➡️ [사이조은] 　사이좋은 친구

✎ **맞춤법에 맞는 말에 ◯표 하세요.**

❶ 선반 위에는 손이 안 | 닿아 | 다아 |.

❷ 물건을 문 앞에 | 싸아 | 쌓아 | 두지 마세요.

❸ 필통에 | 넣어 | 너어 | 둔 지우개가 없어요.

> ㅎ 받침 뒤에
> 모음이 오면 'ㅎ'은
> 소리가 나지 않아.
> 그래도 쓸 때는 받침을
> 살려 써야 해.

✎ **알맞은 말에 ◯표 하고, 빈칸에 옮겨 쓰세요.**

❶

요즘 (어떠케 / (어떻게)) 지내고 있니?

→ 요즘 | 어 | 떻 | 게 | 지내고 있니?

❷

나처럼 (이러케 / 이렇게) 발차기를 해 봐.

→ 나처럼 | | | | 발차기를 해 봐.

❸

추워서 얼굴이 (새파라케 / 새파랗게) 질렸어요.

→ 추워서 얼굴이 | | | | | 질렸어요.

❹

'황금 알을 (낳는 / 난는) 거위' 이야기를 읽었어요.

→ '황금 알을 | | | 거위' 이야기를 읽었어요.

📝 수호가 받아쓰기한 거예요. 틀린 것을 바르게 고쳐 쓰세요.

○학년 ○반 ○번 최수호

---

1. 엄마를 <u>나아</u> 주신 분은 외할머니예요.

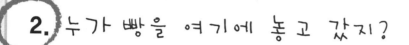

2. 누가 빵을 여기에 놓고 갔지?

'배 속의 아이를 몸 밖으로 내놓다.'라는 말은 '낳다'야.

3. 블록 쌓기 놀이는 재미있어요.

4. 은행잎이 노랗게 물들었어요.

무엇을 무엇의 안에 들어가 있게 하는 것을 '넣다'라고 해.

5. 동전을 서랍 안에 <u>너치</u> 마.

'무엇이 마음에 들게 훌륭하다.'라는 말은 '좋다'야.

6. 너무 <u>조아서</u> 팔짝팔짝 뛰었어요.

---

1. 나아 →

5. 너치 →

6. 조아서 →

4 ㄹ게, ㄹ 거야

원리가 쏙쏙

💡 친구들이 잘못 쓴 글자를 살펴보세요.

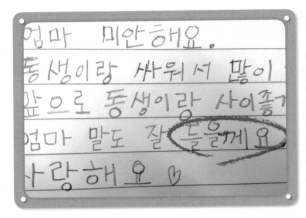

'들을게요'의 '게'를 '께'로 잘못 쓰고, '만들 거야'의 '거'를 '꺼'로 잘못 썼네요.

≫ 들을께요와 만들 꺼야를 바르게 고쳐 쓴 것에 ◯표 하세요.

❶ | 들을게요 | 드를께요 |

❷ | 만드 꺼야 | 만들 거야 |

💡 색 글자에 유의하며 낱말을 소리 내어 읽어 보세요.

| 사탕을 나눠 줄게. |
| [줄께] |

| 조금만 먹을걸. |
| [머글껄] |

| 책을 읽을 거야. |
| [일글꺼야] |

가장 많이 틀리는 맞춤법 중에 하나예요. [할께, 할껄, 할쑤록, 할찌, 할꺼야]라고 소리 나더라도 쓸 때는 반드시 '할게, 할걸, 할수록, 할지, 할 거야'라고 써야 해요.

엄마만 보세요 '(으)ㄹ게, (으)ㄹ걸, (으)ㄹ수록, (으)ㄹ지, (으)ㄹ 거야' 등은 읽을 때 된소리가 나더라도 쓸 때는 예사소리로 적어야 해요. 어른들도 이 맞춤법은 틀리기 쉬우니 주의하세요. 그리고 발음은 정확하게 해야 하지만 소리 나는 대로 쓰지 않도록 지도해 주세요.

📝 낱말을 소리 내어 읽은 다음 맞춤법에 맞게 따라 쓰세요.

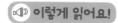 이렇게 읽어요!　　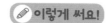 이렇게 써요!

❶ 　갈게　➡️　[갈께]　　지금 곧 | 갈 | 게 |.

❷ 잘 거야　➡️　[잘꺼야]　　나는 | 잘 | 거 | 야 |.

❸ 쓸 거니　➡️　[쓸꺼니]　　뭐라고 | 쓸 | 거 | 니 |?

❹ 　먹을게요　➡️　[머글께요]　　잘 | 먹 | 을 | 게 | 요 |.

❺ 　일어날걸　➡️　[이러날껄]　　일찍 | 일 | 어 | 날 | 걸 |.

❻ 　사과할걸　➡️　[사과할껄]　　먼저 | 사 | 과 | 할 | 걸 |.

❼ 　추울지도　➡️　[추울찌도]　　밖은 | 추 | 울 | 지 | 도 | 몰라.

❽ 　웃을수록　➡️　[우슬쑤록]　　크게 | 웃 | 을 | 수 | 록 | 좋아.

📝 **맞춤법에 맞게 쓴 것에 ◯표 하세요.**

❶ 누가 　올찌　　올지　 궁금해.

❷ 바로 　전화할께요　　전화할게요　 .

❸ 내가 먼저 할 　거야　　꺼야　 .

된소리가 나더라도
쓸 때는 예사소리로
적어야 맞춤법에 맞지.

📝 **알맞은 말에 ◯표 하고, 빈칸에 옮겨 쓰세요.**

❶  어떻게 고쳐야 (할지 / 할찌) 모르겠어.

→ ⬚⬚

❷  곧 기차가 올 (꺼예요 / 거예요).

→ ⬚⬚⬚⬚

❸ 네가 항상 건강하기를 (바랄게 / 바랄께).

→ ⬚⬚⬚⬚

❹  날씨가 (더울쑤록 / 더울수록) 식중독을 조심하세요.

→ ⬚⬚⬚⬚⬚

지선이가 받아쓰기한 거예요. 틀린 것을 바르게 고쳐 쓰세요.

○학년 ○반 ○번   오지선

1. 나는 선생님이 될 거예요.

2. 조금만 일찍 올걸.

> 아쉬움을 나타낼 때 '할걸, 갈걸'과 같이 써야 해.

3. 누가 남은 피자를 먹을 꺼니?

> '할 거니, 갈 거니'와 같이 써야 해.

4. 친구들과 사이좋게 지낼게요.

5. 부모님 말씀도 잘 들을께요.

> '할게요'와 같이 써야 해.

6. 빨리 안 가면 지각을 할지도 몰라.

2. 올걸 →

3. 먹을 꺼니 →

5. 들을께요 →

◎ 띄어쓰기가 바른 문장을 고르세요.

1. ❶ 꿀벌이 윙윙 날아다녀요.
   ❷ 꿀벌이 윙윙날아다녀요.

2. ❶ 사자는 사나운동물이야.
   ❷ 사자는 사나운 동물이야.

3. ❶ 길에서 친구 두명을 만났어.
   ❷ 길에서 친구 두 명을 만났어.

4. ❶ 이서연 씨가 누구입니까?
   ❷ 이서연씨가 누구입니까?

낱말과 낱말 사이는 띄어 써요.

꾸며 주는 말은 뒷말과 띄어 써요.

'명'과 같이 단위를 나타내는 말은 앞말과 띄어 써요.

'씨'와 같이 이름 뒤에 붙는 부르는 말은 앞말과 띄어 써요.

◎ 밑줄 친 부분의 띄어쓰기를 바르게 고친 것을 고르세요.

1. 우산에 <u>구멍이뻥뚫렸어요.</u>

❶ 구멍이 뻥뚫렸어요.   ❷ 구멍이 뻥 뚫렸어요.

꾸며 주는 말은 뒷말과 띄어 써요.

2. <u>사과나무한그루를</u> 심었어요.

❶ 사과나무 한 그루를   ❷ 사과나무 한그루를

'그루'와 같이 단위를 나타내는 말은 앞말과 띄어 써요.

✎ 보기 와 같이 띄어쓰기를 해야 할 곳에 ∨표 하세요.

보기

준 서 는 ∨참 ∨좋 은 ∨친 구 입 니 다 .

1. 차 가 운 물 을 마 셔 요 .

2. 운 동 장 에 서 축 구 를 신 나 게 했 어 요 .

3. 참 새 두 마 리 가 날 아 갑 니 다 .

4. 우 리 선 생 님 은 최 민 수 선 생 님 입 니 다 .

✎ 띄어 써야 할 곳에 ∨표 하고, 문장을 바르게 옮겨 쓰세요.

1. 하얀눈이펑펑내렸다.

→ ~~~~~~~~~~~~~~~~~~~~~~~~~~~~~~~~~~~~~

2. 한사람만앞으로나오세요.

→ ~~~~~~~~~~~~~~~~~~~~~~~~~~~~~~~~~~~~~

3. 배,감,사과등은과일이다.

→ ~~~~~~~~~~~~~~~~~~~~~~~~~~~~~~~~~~~~~

01

밑줄 친 말이 바르게 쓰인 것에는 ○표, 잘못 쓰인 것에는 ✕표 하세요.

❶ 너는 무슨 과일을 제일 <u>조아하니</u>? ( )

❷ 산꼭대기에는 <u>상캐한</u> 바람이 불어요. ( )

❸ 엄마가 구수한 <u>댄장국</u>을 끓여 주셨다. ( )

❹ 나는 커서 <u>의사</u> 선생님이 되고 싶어요. ( )

❺ 수지가 예쁜 <u>꽃무늬</u> 원피스를 입었어요. ( )

❻ 나는 병원에 갔다. <u>왜냐하면</u> 배가 아팠기
때문이다. ( )

02

다음을 바르게 쓴 것에 ○표 하세요.

❶
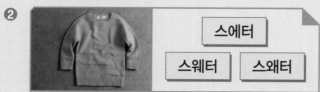
왜국인
애국인 외국인

❷
스에터
스웨터 스왜터

❸
대지
돼지 뒈지

03

빈칸에 들어갈 말을 알맞게 이으세요.

❶ 새가 ⬚ 있어요. •
• ㉠ 지저귀고
• ㉡ 지적이고

❷ 길에 쓰레기를 버리면
⬚ . •
• ㉠ 안 돼
• ㉡ 안 대

❸ 우리 싸우지 말고
⬚ 지내자. •
• ㉠ 사이조케
• ㉡ 사이좋게

❹ 받아쓰기 할 때에는
⬚ 를
주의하세요. •
• ㉠ 띄어쓰기
• ㉡ 뛰어쓰기

04

밑줄 친 말을 바르게 고쳐 쓰세요.

❶ 장래 <u>희망</u>이 뭐예요?
→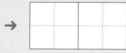

❷ 암탉이 달걀을 한 개 <u>나았어</u>.
→

❸ 방학 동안 일기를 매일 쓸 <u>꺼야</u>.
→

❹ 이제부터 부모님 말씀 잘 <u>들을께요</u>.
→

05

맞춤법에 맞는 말에 ◯표 하세요.

❶ 누가 [방기 : 방귀] 를 뀌었니?

❷ 지금은 학급 [회의 : 회이] 시간이야.

❸ [힌색 : 흰색] 물감이 다 떨어졌어요.

❹ 해바라기꽃이 [노라케 : 노랗게] 피었어요.

❺ 눈이 많이 [인는지 : 있는지] 기분이 좋아요.

06

빈칸에 알맞은 말을 [보기]에서 골라 쓰세요.

보기			
조태	주의	어떻게	씌워
조퇴	주이	어떠케	씨어

❶ 배가 아파서 [   ] 를 했어요.

❷ 눈사람에게 모자를 [   ] 주었다.

❸ 길이 미끄러우니까 [   ] 하세요.

❹ 요즘 [   ] 지내세요?

◆ **받아쓰기 공책을 보고 물음에 답하세요. (7~9)**

1	거짓말을 하면 안 돼.
2	오른손 말고 ㉠왼손을 내밀어 봐.
3	빠르게 뛰어가는 토끼
4	눈밭에서 ㉡딩굴며 놀았어요.
5	꿈을 잃지 말자.
6	예의 바르게 인사해요.
7	색종이를 [㉢] 접어 봐.
8	황금 알을 낳는 거위
9	나는 일찍 잘 거야.
10	밥을 조금만 ㉣먹을껄.

07

㉠~㉡을 바르게 고쳐 쓴 것에 ◯표 하세요.

❶ ㉠ 왼손 → 엔손 (   )

❷ ㉡ 딩굴며 → 뒹굴며 (   )

08

㉢에 들어갈 알맞은 말을 고르세요.

이러게	이렇게	이러케

09

㉣을 맞춤법에 맞게 고쳐 쓰세요.

㉣ 먹을껄 → [   ]

95

말놀이

공부하느라 힘들었죠? 쉬면서 말놀이를 해 볼까요? 해산물과 맛있는 요리를 줄로 이어 보면서, 앞말이 붙어서 만들어지는 말들을 살펴보아요.

맨

입   눈   손   발

맨입   맨손   맨눈   맨발

나도 만들 수 있어요!

한

낮   겨울   여름   밤중

96

뜻에 맞게 구별해서 써야 할 말

'반드시'라고 해야지.

반듯이 구별해 내고야 말겠어.

1 뜻에 맞게 구별해서 써야 할 말
같다 / 갖다

어휘가 쏙쏙

💡 "송아지와 바꾼 무" 이야기에서 욕심쟁이 농부가 원님을 찾아갔어요. 무슨 이야기를 하는지 살펴보고, 색 글자로 된 두 낱말의 뜻을 알아보세요.

욕심쟁이 농부는 같은 동네에 사는 농부가 원님에게 무를 갖다 바치고 송아지를 얻었다는 소문을 들었어요. 농부는 더 큰 선물을 받고 싶어서 송아지를 원님에게 끌고 갔어요.

송아지가 잘 자랐습니다. 선물로 받아 주십시오.

고맙구나. 너에게도 선물을 주마. 여봐라! 어제 들어온 커다란 무를 이 농부에게 주어라.

같다	갖다
서로 다르지 않다. 뺀 다르다	'가지다'의 준말. 손이나 몸 등에 있게 하다.

✏️ 그림과 알맞은 낱말이 쓰인 문장을 이으세요.

①

ㄱ 착한 농부와 욕심쟁이 농부는 같은 동네에 살아요.

②

ㄴ 착한 농부가 원님에게 커다란 무를 갖다 바쳤어요.

✏️ 뜻에 맞게 쓰인 말에 ◯표 하세요.

①  나는 친구와 (같은 / 갖은) 가방을 메고 등교했어요.

②  비가 와서 언니가 우산을 (갖다 / 같다) 주었어요.

✏️ 빈칸에 들어갈 말을 보기 에서 골라 쓰세요.

보기

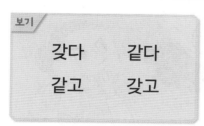
갖다   같다
같고   갖고

① 우리 가족은 혈액형이 모두  .

② 여행 갈 때 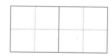 갈 물건은 다 챙겼니?

✏️ 생일 초대장인데 잘못 쓴 말이 있어요. 바르게 고친 것을 고르세요.

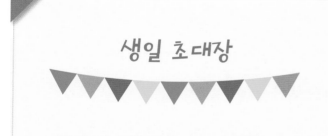

생일 초대장

재민이의 생일 파티에 초대합니다.

언제 : 6월 20일 오후 5시
어디서: 우리집
연락처 : 010-0000-0000

친구들아, 선물 꼭 갔고 와.

① 같고   ② 갖고

아빠도 가끔 헷갈려요

갖다 / 같다 / 갔다
'연필을 갖다 주세요.'의 '갖다'와 '모양이 같다.'의 '같다'를 써야 할 곳에 '갔다'를 쓰지 않도록 주의하세요.
'갔다'는 '가다'의 과거 표현으로 '어제 학교에 갔다.'처럼 지나간 일에 쓰는 말이랍니다.

뜻에 맞게 구별해서 써야 할 말
낳다 / 낫다

어휘가 쏙쏙

💡 "황금 알을 낳는 거위" 이야기에서 남편과 아내가 말을 하고 있어요. 무슨 이야기를 하는지 살펴보고, 색 글자로 된 두 낱말의 뜻을 알아보세요.

남편은 거위가 황금 알을 하루에 하나씩만 낳는 것이 못마땅했어요.

거위의 배를 갈라 봅시다. 한꺼번에 황금 알을 많이 얻는 것이 더 낫지 않겠소?

어머, 좋은 생각이에요.

낳다
배 속의 아이, 새끼, 알을 몸 밖으로 내놓다.

낫다
보다 더 좋거나 앞서 있다.

✏️ 그림과 알맞은 낱말이 쓰인 문장을 이으세요.

①

㉠ 거위가 황금 알을 하루에 하나씩 낳았어요 .

②

㉡ 한꺼번에 황금 알을 많이 얻는 것이 더 낫지 않겠소?

◎ 뜻에 맞게 쓰인 말에 ◯표 하세요.

①  우리 집 고양이가 새끼를 (낳았다 / 나았다).

②  내 글씨체가 동생 글씨체보다 훨씬 (낫다 / 낮다).

◎ 솔지가 쓴 일기인데 잘못 쓴 말이 있어요. 밑줄 친 말을 바르게 고친 것을 골라 빈칸에 옮겨 쓰세요.

4 월　9 일　토 요일	날씨 
오늘 초롱이가 새끼를 두 마리 <u>나았다</u>. 한 마리는 초롱이처럼 하얗고, 한 마리는 목에 검은 점이 있다. 눈도 못 뜨고 작은 소리로 낑낑거렸다. 강아지들이 너무 귀엽다.	

① 낮았다　**②** 낳았다 →

아빠도 가끔 헷갈려요

낫다 / 낮다

'낫다'는 '병이나 상처 등이 고쳐져 본래대로 되다.'라는 뜻이고, '낮다'는 '아래에서 위까지 짧다.'는 뜻으로 쓰여요.

◉ 감기가 낫다. / 지붕이 낮다.

101

어휘가 쏙쏙

💡 "삼년 고개" 이야기에서 할아버지와 소년이 말을 하고 있어요. 무슨 이야기를 하는지 살펴보고, 색 글자로 된 두 낱말의 뜻을 알아보세요.

할아버지는 고개 너머에 있는 마을에 가다가, 한 번 넘어지면 3년밖에 못 산다는 삼년 고개에서 넘어졌어요.

> 삼년 고개를 넘어가다가 넘어졌어. 이제 3년밖에 못 살게 되었으니 어쩌면 좋으냐?

> 한 번 넘어지면 3년을 산다고요? 그럼 두 번 넘어지면 6년을 살고, 열 번 넘어지면 30년을 더 살 수 있겠네요.

너머	넘어가다
어디를 넘어서 저쪽 건너편.	높은 부분의 위를 지나가다.

📝 그림과 알맞은 낱말이 쓰인 문장을 이으세요.

❶

ㄱ 할아버지는 고개 너머 에 있는 마을로 갔다.

❷

ㄴ 삼년 고개를 넘어가다가 넘어졌단다.

✎ 뜻에 맞게 쓰인 말에 ◯표 하세요.

❶  할머니가 꼬부랑 고개를 (넘어간다 / 너머간다).

❷  담 (너머 / 넘어)에 감이 주렁주렁 열렸다.

> 동작을 나타낼 때는
> '넘어'가 맞고,
> 저쪽을 가리킬 때는
> '너머'가 맞아.

✎ 빈칸에 들어갈 말을 보기 에서 골라 쓰세요.

보기

넘어

너머

❶ 창문 [|] 로 보이는 건물이 우리 학교야.

❷ 저 산을 [|] 가면 넓은 들판이 나와.

✎ 분식점이 이사 간 곳을 알려 주는 안내문인데 잘못 쓴 말이 있어요. 밑줄 친 말을 바르게 고쳐 쓴 것을 고르세요.

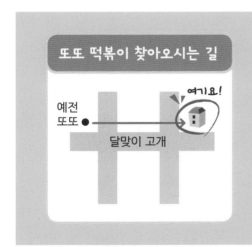

또또 떡볶이 찾아오시는 길

여기요!

예전
또또 ●

달맞이 고개

〈또또 떡볶이〉가 **이사**했어요!

〈또또 떡볶이〉를 사랑해 주신 손님 여러분!
더 넓은 곳에서 더 맛있는 음식을 대접해 드리기
위해 새로 지은 건물로 이사했어요. 달맞이 고개
넘어에 있으니 약도를 보고 찾아오세요.

☎ 02)123-4567

❶ 너머   ❷ 넘어

4 느리다 / 늘리다 / 늘이다

어휘가 쏙쏙

💡 "토끼와 거북" 이야기의 거북이가 텔레비전에 나와서 진행자와 이야기를 나누고 있어요. 무슨 이야기를 하는지 살펴보고, 색 글자로 된 두 낱말의 뜻을 알아보세요.

느리다
움직임이나 속도가 빠르지 못하다. ❷ 빠르다

늘리다
본래보다 더 크게 하거나 더 많게 하다. ❷ 줄이다

✏️ 그림과 알맞은 낱말이 쓰인 문장을 이으세요.

❶

❷

㉠ 연습 시간을 ⬚늘려⬚ 가며 달리기 연습을 했어요.

㉡ 거북은 토끼보다 ⬚느리다⬚.

📝 그림을 보고, 색 글자와 반대되는 말을 빈칸에 쓰세요.

❶ 자동차는 자전거보다 <u>빨라요</u>.

자동차는 비행기보다 ☐ .

❷ 노는 시간을 <u>줄여</u> 가며 공부했다.

복습 시간을 ☐ 가며 공부했다.

📝 다음 낱말의 뜻을 보고, 빈칸에 들어갈 말을 고르세요.

늘이다
줄의 길이를 길게 하다.
⟨예⟩ 고무줄을 늘이다.

엿장수는 엿가락을 ＿＿＿＿ .

❶ 늘였다 　　　❷ 느렸다

📝 우혁이가 아빠께 쪽지를 썼는데 잘못 쓴 말이 있어요. 밑줄 친 말을 바르게 쓰세요.

아빠, 부탁이 있어요!
　숙제가 많아서 게임을 10분밖에 못 했어
요. 주말에는 게임 시간을 딱 1시간만 <u>느려</u>
주시면 안 돼요? 30분은 너무 짧아요.
　　　　　　　　　　　-우혁 올림-

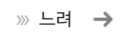 느려 →

5 다치다 / 닫히다

어휘가 쏙쏙

💡 "흥부전"의 흥부가 놀부와 말을 하고 있어요. 무슨 이야기를 하는지 살펴보고, 색 글자로 된 두 낱말의 뜻을 알아보세요.

놀부는 흥부가 부자가 되었다는 소문을 듣고 흥부를 찾아갔어요. 그리고 굳게 닫힌 대문을 두드렸어요.

다리를 다친 제비를 구해 주었더니 제비가 저를 부자로 만들어 주었어요.

흥부야, 너 어떻게 해서 부자가 되었느냐?

다치다
맞거나 부딪치거나 하여 몸이 상하다.

닫히다
문이나 뚜껑 등이 닫아지다. 🔄 열리다

✏️ 그림과 알맞은 낱말이 쓰인 문장을 이으세요.

①

②

㉠ 흥부는 다리를 ⬜다친⬜ 제비를 구해 주었어요.

㉡ 놀부는 굳게 ⬜닫힌⬜ 대문을 두드렸어요.

◎ 뜻에 맞게 쓰인 말에 ◯표 하세요.

❶  거센 바람에 문이 덜컥 (다쳤어요 / 닫혔어요).

❷  친구와 영웅 놀이를 하다가 팔을 (다쳤어요 / 닫혔어요).

◎ 그림을 보고 빈칸에 들어갈 말을 알맞게 이으세요.

❶  넘어져서 무릎을 ☐ 민수.

- ㉠ 닫힌
- ㉡ 다친

❷ 뚜껑이 꽉 ☐ 안 열리는 유리병.

- ㉠ 다쳐서
- ㉡ 닫혀서

◎ 서진이 어머니가 선생님께 보낸 문자 메시지인데 잘못 쓴 말이 있어요. 밑줄 친 말을 바르게 고쳐 쓴 것을 고르세요.

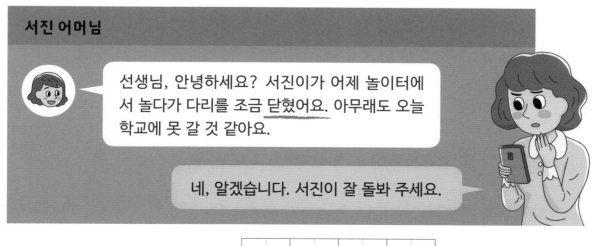

서진 어머님

선생님, 안녕하세요? 서진이가 어제 놀이터에서 놀다가 다리를 조금 닫혔어요. 아무래도 오늘 학교에 못 갈 것 같아요.

네, 알겠습니다. 서진이 잘 돌봐 주세요.

≫ 닫혔어요 → ☐☐☐☐☐

6 뜻에 맞게 구별해서 써야 할 말
맡다 / 맞다

 어휘가 쏙쏙

💡 "냄새 맡은 값" 이야기에서 부자 영감과 농부의 아들이 말을 하고 있어요. 무슨 이야기를 하는지 살펴보고, 색 글자로 된 두 낱말의 뜻을 알아보세요.

부자 영감은 고기 굽는 냄새를 맡은 농부에게 냄새 맡은 값을 내라고 했어요. 그러자 농부의 아들이 부자 영감을 찾아갔어요.

자, 냄새 맡은 값이에요. 저희 아버지가 고기 냄새만 맡았으니 냄새 맡은 값도 동전 소리만 들려 드릴게요.

뭐, 뭐라고?

농부의 아들이 이치에 맞는 말을 하니까 부자 영감은 아무 말도 못 했지요.

맡다
코로 냄새를 알아차리다.

맞다
말이나 답, 사실 등이 틀리지 않다. 🔄 틀리다

✏️ 그림과 알맞은 낱말이 쓰인 문장을 이으세요.

❶

㉠ 부자 영감이 고기 냄새 [맡은] 값을 내라고 했어요.

❷

㉡ 농부의 아들이 이치에 [맞는] 말을 했어요.

108

✏️ 뜻에 맞게 쓰인 말에 ◯표 하세요.

❶ 고양이가 생선 가게 앞에서 냄새를 (맡고 / 맞고) 있다.

❷ 낮에 비가 올 거라는 할머니의 예감은 정확히 (맞았다 / 맡았다).

✏️ 빈칸에 들어갈 말을 [보기] 에서 골라 쓰세요.

보기
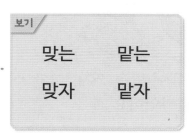

맞는   맡는

맞자   맡자

❶ 우리 엄마는 항상 ⬜⬜ 말씀만 하신다.

❷ 밥 냄새를 ⬜⬜ 배에서 꼬르륵 소리가 났어요.

✏️ 새해를 맞이하여 한 해를 계획하는 글을 썼는데 잘못 쓴 말이 있어요. 밑줄 친 말을 바르게 고친 것을 고르세요.

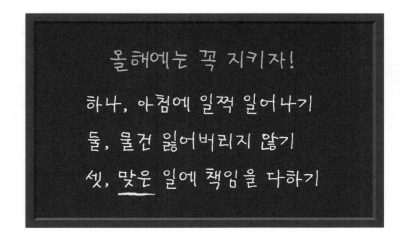

올해에는 꼭 지키자!

하나, 아침에 일찍 일어나기

둘, 물건 잃어버리지 않기

셋, 맞은 일에 책임을 다하기

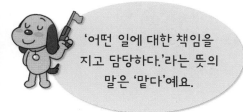

'어떤 일에 대한 책임을 지고 담당하다.'라는 뜻의 말은 '맡다'예요.

❶ 맡은   ❷ 맛은

바라다 / 바래다

어휘가 쏙쏙

💡 "소가 된 게으름뱅이" 이야기에서 게으름뱅이 총각이 노인과 이야기를 하고 있어요. 무슨 말을 하는지 살펴보고, 색 글자로 된 두 낱말의 뜻을 알아보세요.

게으름뱅이 총각은 오두막 앞에서 색이 바랜 낡은 옷을 입은 노인을 만났어요. 노인은 쇠머리 탈을 만들고 있었지요.

일 안 하고 편하게 살기를 **바라는** 사람이 이 탈을 쓰면 좋은 일이 생긴다오.

정말요? 그럼 제가 그 탈을 써 볼게요.

총각이 탈을 쓰자, 그만 소가 되고 말았어요.

바라다	바래다
어떤 일이 어떻게 되었으면 하고 기대하거나 원하다.	색이 변하여 희미해지거나 누렇게 되다.

✏️ 그림과 알맞은 낱말이 쓰인 문장을 이으세요.

❶ •

❷ •

• ㉠ 총각은 일 안 하고 편하게 살기를 바라는 사람이었어요.

• ㉡ 총각은 색이 바랜 낡은 옷을 입은 노인을 만났어요.

📝 뜻에 맞게 쓰인 말에 ◯표 하세요.

❶  부모님의 결혼 사진을 보니 색이 (바랬다 / 바랐다).

❷  엄마는 내가 축구 선수가 되기를 (바랐다 / 바랬다).

📝 빈칸에 들어갈 말을 보기 에서 골라 쓰세요.

보기

바랜   바란

바래고   바라고

❶ 누렇게 [　　][　　] 벽지를 뜯어냈다.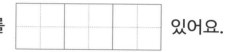

❷ 주문한 피자가 빨리 오기를 [　][　][　][　][　] 있어요.

📝 소영이가 할머니께 쓴 카드인데 잘못 쓴 말이 있어요. 밑줄 친 말을 바르게 고쳐 쓴 것을 고르세요.

할머니께
할머니 생신 축하드려요! 아기 때부터 저를
돌봐 주셔서 정말 고맙습니다.
건강하시고 오래오래 사시기를 <u>바랠게요.</u> 사랑해요~
소영 올림

❶ 바랄게요

❷ 바렐게요

아빠도 가끔 헷갈려요

바라 (◯), 바람 (◯) / 바래 (X), 바램 (X)

'네가 행복하기를 <u>바라</u>.', '행복하기 <u>바람</u>.'과 같이 어떤 일이 어떻게 되기를 기대한다는 뜻을 나타낼 때는 '바래다'가 아니라 '바라다'를 써야 해요.

8 뜻에 맞게 구별해서 써야 할 말
반드시 / 반듯이

의미가 쏙쏙

💡 "엄마 게와 아기 게" 이야기에서 엄마 게가 아기 게에게 걷는 방법을 가르치고 있어요. 무슨 말을 하는지 살펴보고, 색 글자로 된 두 낱말의 뜻을 알아보세요.

반드시	반듯이
틀림없이 꼭.	생각이나 행동 등이 비뚤어지거나 기울지 않고 바르게.

✏️ 그림과 알맞은 낱말이 쓰인 문장을 이으세요.

① •

② •

• ㉠ 엄마 게는 [반드시] 아기 게를 똑바로 걷게 하겠다고 다짐했다.

• ㉡ 똑바로 걸으려면 먼저 자세를 [반듯이] 하도록 해.

112

📝 **뜻에 맞게 쓰인 말에 ◯표 하세요.**

❶ 　（ 반드시 / 반듯이 ） 닭싸움을 이기겠다고 다짐했다.

❷ 　수업 시간에는 허리를 (반드시 / 반듯이) 세우고 의자에 앉는다.

📝 **빈칸에 들어갈 말을 알맞게 이으세요.**

❶ 집에 들어오면 [　　　] 손을 씻어요.　　　•　　　　　　• ㉠ 반듯이

❷ 허리를 펴고 [　　　] 앉아서 책을 읽어요.　•　　　　　　• ㉡ 반드시

📝 **탁상시계 사용 설명서인데 잘못 쓴 말이 있어요. 밑줄 친 말을 바르게 고쳐 쓰세요.**

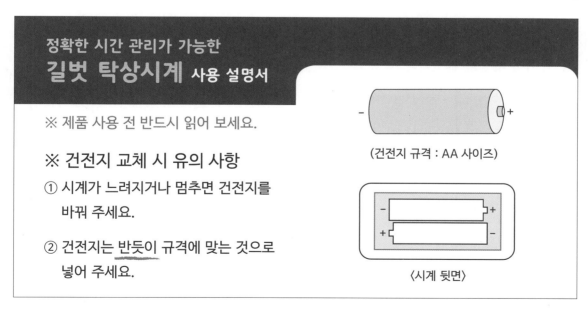

정확한 시간 관리가 가능한
길벗 탁상시계 사용 설명서

※ 제품 사용 전 반드시 읽어 보세요.

※ **건전지 교체 시 유의 사항**
① 시계가 느려지거나 멈추면 건전지를 바꿔 주세요.
② 건전지는 <u>반듯이</u> 규격에 맞는 것으로 넣어 주세요.

（건전지 규격 : AA 사이즈）

〈시계 뒷면〉

≫ 반듯이 ➡ [　|　|　|　|　]

부치다 / 붙이다

어휘가 쏙쏙

💡 "빨간 부채 파란 부채" 이야기에서 요술 부채를 얻은 농부가 부자 영감을 만났어요. 무슨 일이 있었는지 살펴보고, 색 글자로 된 두 낱말의 뜻을 알아보세요.

부자 영감이 농부를 무시하자, 농부는 빨간 부채를 부쳤어요. 그러자 부자 영감의 코가 길어졌어요.

아이고, 내 코! 이걸 어쩌나?

내 코를 원래대로 해 주는 사람에게 금 100냥을 주겠음. -김영감-

부자 영감은 코를 원래대로 해 주는 사람에게 금을 주겠다는 방을 붙였어요.

부치다	붙이다
부채 등을 흔들어서 바람을 일으키다.	맞닿아 떨어지지 않게 하다. 逆 떼다

📝 그림과 알맞은 낱말이 쓰인 문장을 이으세요.

❶

• ㉠ 부자 김 영감이 방을 붙였어요 .

❷ • ㉡ 농부가 빨간 부채를 부쳤어요 .

✏️ 뜻에 맞게 쓰인 말에 ◯표 하세요.

1  한여름 날씨가 너무 더워서 부채를 (부쳤어요 / 붙였어요).

2  친구에게 보낼 크리스마스 엽서에 우표를 (부쳤어요 / 붙였어요).

✏️ 빈칸에 들어갈 말을 알맞게 이으세요.

1 부채를 [   ] 꺼져 가던 불씨를 살렸어요.   •   • ㉠ 부쳐서

2 도화지에 색종이를 [   ] 예쁘게 꾸몄어요.   •   • ㉡ 붙여서

✏️ 엄마가 민정이에게 남긴 쪽지인데 잘못 쓴 말이 있어요. 밑줄 친 말을 바르게
고쳐 쓴 것을 고르세요.

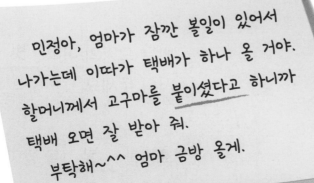

민정아, 엄마가 잠깐 볼일이 있어서
나가는데 이따가 택배가 하나 올 거야.
할머니께서 고구마를 <u>붙이셨다고</u> 하니까
택배 오면 잘 받아 줘.
부탁해~^^ 엄마 금방 올게.

'편지나 물건 등을
일정한 방법을 써서 상대
에게로 보내다.'라는 뜻의
말은 '부치다'예요.

1 부치셨다고

2 붙치셨다고

115

어휘가 쏙쏙

"거울 속의 색시" 이야기에서 남편이 사 온 거울을 보며 아내가 화를 내고 있어요. 무슨 말을 하는지 살펴보고, 색 글자로 된 두 낱말의 뜻을 알아보세요.

아내는 거울을 들여다봤어요. 거울 속에는 호롱불 빛을 받아 얼굴이 고운 색시가 보였어요. 아내는 그 여자가 남편이 장에서 데려온 색시라고 생각했어요.

아니, 머리빗을 사다 달랬더니, 웬 색시를 데려왔어요?

빗	빛
머리를 빗을 때 쓰는 도구.	해, 달, 불, 전등에서 나와 사물을 밝게 비추어 주는 현상.

그림과 알맞은 낱말이 쓰인 문장을 이으세요.

❶  ·

· ㉠ 반달 모양의 머리 [빗] 을 사다 주세요.

❷  ·

· ㉡ 호롱불 [빛] 을 받아 얼굴이 고운 색시가 보였어요.

✎ 뜻에 맞게 쓰인 말에 ○표 하세요.

❶ 인형 머리를 (빗 / 빛)으로 빗어 주었어요.

❷ 탁자 아래에 (빗 / 빛)을 비추자 바퀴벌레가 도망갔어요.

✎ 빈칸에 들어갈 말을 보기 에서 골라 쓰세요.

보기

빗

빛

❶ ◻️으로 머리를 빗어야겠어.

❷ 지하실에는 ◻️이 잘 들어오지 않아요.

✎ 인터넷에서 찾은 생활의 지혜인데 잘못 쓴 말이 있어요. 밑줄 친 말을 바르게 고쳐 쓰세요.

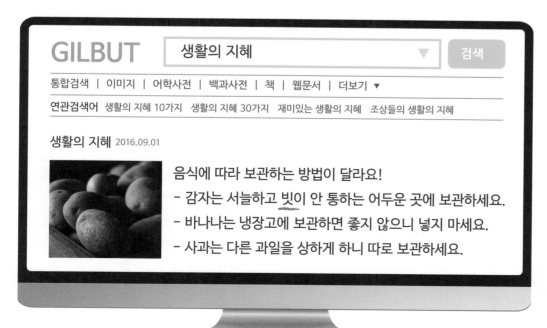

GILBUT

생활의 지혜　▼　검색

통합검색 | 이미지 | 어학사전 | 백과사전 | 책 | 웹문서 | 더보기 ▼

연관검색어 생활의 지혜 10가지　생활의 지혜 30가지　재미있는 생활의 지혜　조상들의 생활의 지혜

생활의 지혜 2016.09.01

음식에 따라 보관하는 방법이 달라요!

- 감자는 서늘하고 빛이 안 통하는 어두운 곳에 보관하세요.
- 바나나는 냉장고에 보관하면 좋지 않으니 넣지 마세요.
- 사과는 다른 과일을 상하게 하니 따로 보관하세요.

》 빛

→ ◻️

117

11 시키다 / 식히다

어휘가 쏙쏙

💡 "꾀 많은 토끼" 이야기에서 토끼와 호랑이가 말을 하고 있어요. 무슨 이야기를 하는지 살펴보고, 색 글자로 된 두 낱말의 뜻을 알아보세요.

토끼는 호랑이에게 맛있는 떡을 먹게 해 주겠다며 돌멩이를 불에 구웠어요.

떡이 다 구워졌어요. 제가 꿀을 가져올 테니 조금만 기다리세요.

그래, 네가 시키는 대로 할게.

토끼가 가자 호랑이는 돌멩이를 식히지도 않고 날름 집어 먹었어요.

시키다	식히다
어떤 일이나 행동을 하게 하다.	더운 기가 없어지게 하다.

✏️ 그림과 알맞은 낱말이 쓰인 문장을 이어 보세요.

❶  •

• ㉠ 호랑이는 토끼가 시키는 대로 했어요.

❷  •

• ㉡ 호랑이는 돌멩이를 식히지도 않고 날름 집어 먹었어요.

118

◎ 뜻에 맞게 쓰인 말에 ◯표 하세요.

❶ 엄마가 두부 한 모를 사 오라고 심부름을 (시켰어요 / 식혔어요).

❷ 구운 감자가 너무 뜨거워서 (식혀서 / 시켜서) 먹었어요.

◎ 밑줄 친 말을 바르게 고쳐 쓰세요.

❶ 땀을 <u>시키려고</u> 부채질을 열심히 했다.

→ | | | | | |

'시키다'는 '음식을 만들어 오거나 가지고 오도록 주문하다.'라는 뜻도 있어요.

❷ 오늘 저녁은 족발을 <u>식혀</u> 먹을까?

→ | | |

◎ 배달 음식 광고지의 빈칸에 들어갈 말로 알맞은 것을 고르세요.

치킨 왕자 & 피자 공주

* 지금 주문하세요! *
☎1234-5678

전화 한 통화로 집에서 맛있는 치킨과 피자를 즐기세요.
치킨 2마리를 [   ] 피자 한 판을 서비스로 드립니다.

❶ 시키면

❷ 식히면

119

어휘가 쏙쏙

💡 "까마귀의 지혜" 이야기에서 까마귀가 물병을 발견했어요. 까마귀가 무슨 생각을 하는지 살펴보고, 색 글자로 된 두 낱말의 뜻을 알아보세요.

목마른 까마귀가 물이 담긴 병을 발견했어요. 그런데 병의 입구가 좁아서 먹을 수가 없었지요.

> 물이 조금밖에 없네. 병을 기울여 볼까? 그러다가 병을 엎으면 물이 쏟아질 텐데⋯⋯. 아! 이러면 되겠다!

없다	엎다
있지 않다. 반 있다	그릇 등을 넘어뜨려 속에 든 것이 쏟아지게 하다.

✏️ 그림과 알맞은 낱말이 쓰인 문장을 이으세요.

㉠ 물이 조금밖에 [없네].

㉡ 병을 [엎으면] 물이 쏟아질 텐데⋯⋯.

📝 뜻에 맞게 쓰인 말에 ◯표 하세요.

❶  분명히 과자가 많았는데, 3개밖에 (없네 / 엎네).

❷  컵을 (없어서 / 엎어서) 책이 다 젖었어요.

📝 다혜가 수수께끼를 적어 놓은 것인데 잘못 쓴 말이 있어요. 밑줄 친 말을 바르게 고쳐 쓰세요.

⭐ 재미있는 **수수께끼** 모음

1. 자는 자인데 잴 수 없는 자는? (   )

2. 말은 말인데 탈 수 <u>읎는</u> 말은? (   )

3. 불은 불인데 뜨겁지 않은 불은? (   )

4. 산은 산인데 못 올라가는 산은? (   )

≫ 읎는 → ☐☐☐

아빠도 가끔 헷갈려요

엎다 / 업다
'엎다'와 소리가 같은 '업다'는 '사람이나 동물 따위를 등에 대고 손으로 붙잡거나 무엇으로 동여매어 붙어 있게 하다.'라는 뜻이에요.
例 아기를 등에 업고 있다.

13 웬 / 왠지

어휘가 쏙쏙

💡 "욕심쟁이 개" 이야기에서 개가 고깃덩어리를 물고 다리를 건너고 있어요. 무슨 일인지 살펴보고, 색 글자로 된 두 낱말의 뜻을 알아보세요.

욕심쟁이 개가 다리 위에서 보니 물속에 웬 개가 있었어요. 그 개도 고깃덩어리를 물고 있었지요. 욕심쟁이 개는 왠지 그 고기가 더 커 보였어요.

멍멍! 고기를 내 놔!

개가 입을 벌리자 물고 있던 고깃덩어리는 물속에 빠지고 말았어요.

웬	왠지
어떠한. 어찌 된.	왜 그런지 모르게. 뚜렷한 이유도 없이.

📝 그림과 알맞은 낱말이 쓰인 문장을 이으세요.

❶ •

❷ •

• ㉠ 물속에 웬 개가 있었어요.

• ㉡ 욕심쟁이 개는 왠지 그 고기가 더 커 보였어요.

✎ 뜻에 맞게 쓰인 말에 ◯표 하세요.

①  갑자기 (웬 / 왠) 비가 이렇게 내리지?

②  멋진 오빠를 보니까 (왠지 / 웬지) 가슴이 떨려요.

✎ 누리가 쓴 일기인데 잘못 쓴 말이 있어요. 밑줄 친 말을 바르게 고쳐 쓰세요.

6 월 26일 수 요일	날씨

아침에 왠① 새가 창틀에 앉아 있었다.

그런데 다리에 상처가 있었다. 자세히 보려고 창문을 열었더니

날아가 버렸다. 웬지② 불쌍하게 느껴졌다.

① 왠 → ☐☐   **②** 웬지 → ☐☐☐

아빠도 가끔 헷갈려요

왠지 (◯), 웬지 (✕) / 웬 (◯), 왠 (✕)
'왠지 기분이 좋다.'와 같이 '왜 그런지'라는 뜻으로 쓸 때는 '왠지'라고 써야 해요. 그리고 '웬일', '웬 떡',
'웬 사람' 등과 같이 '어찌 된', '어떠한'의 뜻으로 쓸 때는 '웬'을 써야 해요. '왠지'는 '왜인지'가 줄어든 말
이라고 생각하면 쉽게 구별할 수 있을 거예요.

123

14 짓다 / 짖다

단어가 쏙쏙

💡 "어리석은 돼지" 이야기에서 돼지가 할머니께 쫓겨났어요. 무슨 일이 있는지 살펴 보고, 색 글자로 된 두 낱말의 뜻을 알아보세요.

어느 할머니가 집을 짓고 돼지와 개와 함께 살았어요. 돼지는 항상 깨끗한 집 안에서 지내는 개를 부러워했어요.

나도 개처럼 밤에 멍멍 짖으며 집을 지키면 할머니가 예뻐해 주시겠지? 꿀꿀! 꿀꿀!

하지만 할머니는 너무 시끄럽다고 화를 내며 돼지를 쫓아내 버렸어요.

짓다	짖다
재료를 들여 밥, 옷, 집 따위를 만들다.	개가 목청으로 소리를 내다.

✏️ 그림과 알맞은 낱말이 쓰인 문장을 이으세요.

❶

ㄱ 할머니가 집을 [짓고] 돼지와 개와 함께 살았어요.

❷

ㄴ 개는 밤에 멍멍 [짖으며] 집을 지켜요.

✎ 뜻에 맞게 쓰인 말에 ◯표 하세요.

❶  엄청 큰 개가 길을 막고 (짓고 / 짖고) 있어요.

❷  개미 떼들이 여왕개미를 위해 집을 (짓고 / 짖고) 있어요.

✎ 빈칸에 들어갈 말을 보기 에서 골라 쓰세요.

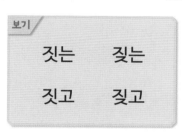
보기

짓는   짖는

짓고   짖고

❶ 대문 안에서 개가 사납게 ⬜⬜ 소리가 들렸어요.

❷ 지금 밥을 ⬜⬜ 있으니 조금만 기다려라.

✎ 유치원 공사 안내문인데 잘못 쓴 말이 있어요. 밑줄 친 말을 바르게 고친 것을 고르세요.

공사 안내

이곳에 유치원을 <u>짓고</u> 있습니다.
공사 중에 불편을 끼쳐 드려 죄송합니다.
빨리 공사를 마무리하기 위해 노력하겠습니다.

- 공사 기간 : 2016년 2월 5일~5월 5일
- 공사하는 곳 : 길벗건설(주)
- 공사 담당자 : 김석필(02-000-0000)

❶ 짓고

❷ 지고

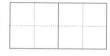

125

01

밑줄 친 말이 바르게 쓰인 것에는 ○표, 잘못 쓰인 것에는 ✕표 하세요.

❶ 나는 너와 나이가 <u>같다</u>. ( )

❷ 우리 개가 새끼를 <u>나았어요</u>. ( )

❸ 이 떡을 할머니께 <u>갔다</u> 드려라. ( )

❹ 이 고개를 <u>넘어가면</u> 넓은 강이 보여요. ( )

❺ 고무줄이 짧으니까 좀 더 길게 <u>늘여</u> 주세요.

( )

02

맞춤법에 맞는 말에 ○표 하세요.

❶ 고기 냄새를 | 맡으니까 : 맞으니까 | 갑자기 배가 고파요.

❷ 집에 들어오면 | 반드시 : 반듯이 | 손을 씻어요.

❸ 예쁜 색종이를 | 부쳐서 : 붙여서 | 카드를 만들자.

❹ 대나무로 만든 | 빗 : 빛 | 으로 머리를 빗었어.

❺ 듣고 보니 네 말이 | 맡는 : 맞는 | 것 같아.

03

빈칸에 들어갈 말을 알맞게 이으세요.

❶ 오늘은 숙제가

[   ]. • • ㉠ 업어

❷ 컵을 씻어서 쟁반에

[   ] 놓아라. • • ㉡ 엎어

❸ 다리를 다쳐서 엄마가

[   ] 주셨어요. • • ㉢ 없어

04

빈칸에 알맞은 말을 보기 에서 골라 쓰세요.

보기
| 시켜서 | 왠 | 같다 |
| 식혀서 | 웬 | 갔다 |

❶ 쌍둥이는 나이가 [   ].

❷ 운동장에 [   ] 사람들이 이렇게 많이 모였니?

❸ 군고구마는 입천장이 데지 않도록

[   ] 먹는다.

05

빈칸에 공통으로 들어갈 말에 ◯표 하세요.

❶ ◆반지가 내 손에 꼭 [　　　].

　◆새해를 [　　　] 계획표를 만들었어요.

　　　　맞아　　　　맡아

❷ ◆우편물을 [　　　] 우체국에 갔다.

　◆엄마가 호박전을 [　　　] 호박을 썰고 계신다.

　　　　부치려고　　　　붙이려고

❸ ◆새가 집을 [　　　] 중인가 봐.

　◆오늘 숙제는 동시를 [　　　] 거야.

　　　　짓는　　　　짖는

❹ ◆감기가 아직 다 [　　　] 않았어.

　◆이 옷을 입는 게 더 [　　　] 않겠니?

　　　　낫지　　　　낳지

❺ ◆제가 [　　　] 일에 책임을 다할게요.

　◆생선 냄새를 [　　　] 고양이가 슬금슬금 다가왔어.

　　　　맞은　　　　맡은

◆ **다음 글을 읽고 물음에 답하세요.(6~8)**

> 엄마!
> 엄마가 ㉠식히신 심부름을 모두 했어요.
> 재활용 쓰레기는 분리수거 함에 ㉡갔다 넣었어요. 그리고 할머니께서 택배로 ㉢붙이신 고구마도 잘 받아 두었고요.
> 고구마 상자가 너무 무거워서 들다가 허리를 ㉣[　　　] 뻔했지만, 다행히 괜찮았어요.
> 저 잘했죠? 엄마 심부름은 ㉤반드시 해내는 착한 딸에게 맛있는 것 많이 사 주세요.

06

㉠~㉢을 바르게 고쳐 쓴 말에 ◯표 하세요.

❶ ㉠ 식히신 ➡ 시키신 (　　)

❷ ㉡ 갔다 ➡ 갖다 (　　)

❸ ㉢ 붙이신 ➡ 붓치신 (　　)

07

㉣에 들어갈 알맞은 말에 ◯표 하세요.

　　　다칠　　　　　　닫힐

08

㉤이 바르게 쓰인 문장을 고르세요. (　　　)

❶ 책을 읽을 때는 자세를 <u>반드시</u> 해야 합니다.

❷ 수영을 하기 전에는 <u>반드시</u> 준비운동을 해야 해.

공부하느라 힘들었죠? 쉬면서 말놀이를 해 볼까요? 친구들이 잃어버린 물건을 찾아 이어 보면서 뒷말이 붙어서 만들어지는 말을 살펴보아요.

막내

쌍

귀염

재롱

둥이

막내둥이

귀염둥이

재롱둥이

쌍둥이

나도 만들 수 있어요!

낚시

구경

사냥

심부름

꾼

128

정답

맞춤법과
띄어쓰기는
이제 식은 죽
먹기지!

1 닮은 소리가 나는 말

1 ㄴ으로 소리 나는 말

실력이 쑥쑥 ————————————————— p. 16

✎ ❶ 대통령 ❷ 짓느라 ❸ 놓는
✎ ❶ 묻는 ❷ 찾느라고 ❸ 닿는

살펴봐 꼼꼼 ————————————————— p. 17

✎ ❶ 있네 ❷ 맡는 ❸ 찾는다고

2 ㄹ로 소리 나는 말

실력이 쑥쑥 ————————————————— p. 20

✎ ❶ 줄넘기 ❷ 새신랑
✎ ❶ 손난로 ❷ 원래 ❸ 물놀이

살펴봐 꼼꼼 ————————————————— p. 21

✎ ❶ 전라남도 ❷ 신라 ❸ 한라산

3 ㅁ으로 소리 나는 말

실력이 쑥쑥 ————————————————— p. 24

✎ ❶ 입맛 ❷ 입는
✎ ❶ 굽는, 앞마당 ❷ 겁내지, 겁먹은

살펴봐 꼼꼼 ————————————————— p. 25

✎ ❶ 앞마을 ❷ 앞머리 ❸ 덮는

4 ㅇ으로 소리 나는 말

실력이 쑥쑥 ————————————————— p. 28

✎ ❶ 국민 ❷ 깎는 ❸ 볶는지
✎ ❶ 녹는 ❷ 적니 ❸ 묶는

살펴봐 꼼꼼 ————————————————— p.29

✎ ❶ 먹는 ❷ 국물 ❸ 닦는

1 띄어쓰기 특강 p. 30~31

✎ 1. ❷ 2. ❶ 3. ❷

✎ 1. ❷ 2. ❷

✎ 1. 먹을∨만큼만∨가져가라.
   2. 지금∨가는∨데가∨어디야?

✎ 1. 나도∨달릴∨수∨있어요.
   2. 내일은∨비가∨올∨것입니다.

1 종합 평가 p. 32~33

01 ❶ ○ ❷ X ❸ ○ ❹ X ❺ X
02 ❶ 음료수 ❷ 국물 ❸ 줄넘기
03 ❶ 섞는 ❷ 깎는 ❸ 입는 ❹ 짓는지 ❺ 있는지
04 ❶ ㄴ ❷ ㄹ ❸ ㅁ ❹ ㅇ
05 ❶ 앞머리 ❷ 칼날 ❸ 박물관 ❹ 난로
06 ❶ 원래 ❷ 덮는 ❸ 대통령 ❹ 녹는다
07 첫날
08 ❶ 신라 ❷ 입맛
09 물놀이

말놀이 저걸 ————————————————— p. 34

2 소리와 모양이 다른 여러 가지 말

1 ㅋ, ㅌ, ㅍ, ㅊ으로 소리 나는 말

실력이 쑥쑥   p. 38

✎ ❶ 좋다 ❷ 파랗게 ❸ 합하면
✎ ❶ 착하다 ❷ 급히 ❸ 낳다니

살펴봐 꼼꼼   p. 39

✎ ❶ 축하해 ❷ 어떻게 ❸ 사이좋게

2 ㅈ, ㅊ으로 소리 나는 말

실력이 쑥쑥   p. 42

✎ ❶ 밑이 ❷ 굳이 ❸ 샅샅이
✎ ❶ 끝이 ❷ 밭이에요

살펴봐 꼼꼼   p. 43

✎ ❶ 붙이고 ❷ 턱받이 ❸ 맏이

3 ㄴ, ㄹ 소리가 덧나는 말

실력이 쑥쑥   p. 46

✎ ❶ 호박잎 ❷ 서울역
✎ ❶ 늦여름 ❷ 떡잎 ❸ 한글날

살펴봐 꼼꼼   p. 47

✎ ❶ 담요 ❷ 한여름 ❸ 부엌일

4 사이시옷이 붙은 말

실력이 쑥쑥   p. 50

✎ ❶ 콧수염 ❷ 찻잔 ❸ 바윗돌 ❹ 나뭇가지
✎ ❶ 빗방울 ❷ 뒷좌석 ❸ 윗집, 외갓집

살펴봐 꼼꼼   p. 51

✎ ❶ 콧구멍 ❷ 귓속말 ❸ 뒷자리

2 띄어쓰기 특강   p. 52~53

✎ 1. ❷   2. ❷   3. ❷

✎ 1. ❷
  2. ❶

✎ 1. 삼∨대∨일로∨이긴∨경기
  2. 세수∨및∨양치질은∨꼭∨하자.

✎ 1. 상추와∨고추∨등은∨채소에∨해당해.
  2. 휴지∨및∨쓰레기는∨여기에∨버리세요.

2 종합 평가   p.54~55

01 ❶ ○ ❷ X ❸ X ❹ ○ ❺ X
02 ❶ ㅁ ❷ ㄷ ❸ ㅅ
03 ❶ 맺혀 ❷ 같이 ❸ 전철역 ❹ 뒷다리
04 ❶ ㉢ 비눗방울 ❷ ㉠ 샅샅이 ❸ ㉢ 나뭇잎
   ❹ ㉠ 낳으셨어
05 ❶ 넣지 ❷ 색연필 ❸ 미닫이문 ❹ 쌓고 ❺ 빗방울
06 ❶ 귓속말 ❷ 묻히지 ❸ 물약 ❹ 합하면
07 맏이
08 ❶ 놓고 ❷ 넣을게요
09 착한

말놀이 날, 널, 우릴   p. 56

131

③ 받침이 두 개인 말

① ㄴㅎ, ㄹㅎ 받침이 들어 있는 낱말

실력이 쑥쑥 ─────────── p. 60

✎ ❶ ㉡ ❷ ㉠ ❸ ㉡

✎ ❶ 끊어져 ❷ 싫어요 ❸ 꿇지

살펴봐 꼼꼼 p. 61
> ✎ ❶ 많지 ❷ 닳아지잖아 ❸ 잃어버리면

② ㄴㅈ, ㄹㅁ 받침이 들어 있는 낱말

실력이 쑥쑥 ─────────── p. 64

✎ ❶ 삶는, 삶아야 ❷ 닮았네, 닮지

✎ ❶ 굶지 ❷ 얹으면

살펴봐 꼼꼼 p. 65
> ✎ ❶ 앉으라고 ❷ 젊은 ❸ 앉고

③ ㄹㄱ, ㄹㅂ 받침이 들어 있는 낱말

실력이 쑥쑥 ─────────── p. 68

✎ ❶ 굵어요 ❷ 늙지 ❸ 밝게

✎ ❶ 맑아요, 맑지만 ❷ 넓죠, 넓었단다

살펴봐 꼼꼼 p. 69
> ✎ ❶ 닭싸움 ❷ 여덟 ❸ 짧은데

---

③ 띄어쓰기 특강 p. 70~71

✎ 1. ❷ 2. ❷

✎ 1. ❶
   2. ❷

✎ 1. 박시진∨군이∨누구인가요?
   2. 김∨박사님, 어서∨오세요.

✎ 1. 이분이∨최민지∨씨입니다.
   2. 박∨선생님도∨일찍∨오셨어요.

③ 종합 평가 p.72~73

01 ❶ ○ ❷ ○ ❸ X ❹ X
02 ❶ ㉡ 잃어버린 ❷ ㉠ 넓지 ❸ ㉠ 젊은이
   ❹ ㉡ 꿇고 ❺ ㉡ 앓았다
03 ❶ 괜찮아 ❷ 얇아서 ❸ 뚫고 ❹ 닮았다는
04 ❶ 끊다 ❷ 삶다 ❸ 밝다
05 ❶ 많구나 ❷ 얇게 ❸ 끓고 ❹ 밝은
06 ❶ 얹어 ❷ 짧아요 ❸ 굵어서 ❹ 맑은
07 삶아서
08 ㄹㄱ
09 귀찮다며

말놀이 춰, 둬 ─────────── p. 74

4 헷갈리기 쉬운 낱말

1 ㅚ, ㅙ, ㅞ가 들어 있는 낱말

실력이 쑥쑥 ——————————— p. 78

✎ ❶ 참외 ❷ 조퇴 ❸ 왼손

✎ ❶ 최고 ❷ 외투 ❸ 돼요 ❹ 꿰매

살펴봐 꼼꼼 ——————————— p. 79

✎ 1. 되었다 4. 상쾌해 5. 괜히

2 ㅟ, ㅢ가 들어 있는 낱말

실력이 쑥쑥 ——————————— p. 82

✎ ❶ 당나귀 ❷ 바퀴 ❸ 의자

✎ ❶ 방귀 ❷ 추위 ❸ 희망 ❹ 주의 ❺ 발뒤꿈치

살펴봐 꼼꼼 ——————————— p. 83

✎ 2. 뒤집어 4. 예의 5. 흰색

3 ㅎ 받침이 들어 있는 낱말

실력이 쑥쑥 ——————————— p. 86

✎ ❶ 닿아 ❷ 쌓아 ❸ 넣어

✎ ❶ 어떻게 ❷ 이렇게 ❸ 새파랗게 ❹ 낳는

살펴봐 꼼꼼 ——————————— p. 87

✎ 1. 낳아 5. 넣지 6. 좋아서

4 ㄹ게, ㄹ 거야

실력이 쑥쑥 ——————————— p. 90

✎ ❶ 올지 ❷ 전화할게요 ❸ 거야

✎ ❶ 할지 ❷ 거예요 ❸ 바랄게 ❹ 더울수록

살펴봐 꼼꼼 ——————————— p. 91

✎ 2. 올걸 3. 먹을 거니 5. 들을게요

4 띄어쓰기 특강 p. 92~93

✎ 1. ❶ 2. ❷ 3. ❷ 4. ❶

✎ 1. ❷ 2. ❶

✎ 1. 차가운∨물을∨마셔요.
   2. 운동장에서∨축구를∨신나게∨했어요.
   3. 참새∨두∨마리가∨날아갑니다.
   4. 우리∨선생님은∨최민수∨선생님입니다.

✎ 1. 하얀∨눈이∨펑펑∨내렸다.
   2. 한∨사람만∨앞으로∨나오세요.
   3. 배,∨감,∨사과∨등은∨과일이다.

4 종합 평가 p.94~95

01 ❶ X ❷ X ❸ X ❹ O ❺ O ❻ O

02 ❶ 외국인 ❷ 스웨터 ❸ 돼지

03 ❶ ㉠ 지저귀고 ❷ ㉠ 안 돼 ❸ ㉡ 사이좋게
   ❹ ㉠ 띄어쓰기

04 ❶ 희망 ❷ 낳았어 ❸ 거야 ❹ 들을게요

05 ❶ 방귀 ❷ 회의 ❸ 흰색 ❹ 노랗게 ❺ 있는지

06 ❶ 조퇴 ❷ 씌워 ❸ 주의 ❹ 어떻게

07 ❷ O

08 이렇게

09 먹을걸

말놀이 한낮, 한겨울, 한여름, 한밤중 ——————— p. 96

133

5 뜻에 맞게 구별해서 써야 할 말

1 같다 / 갖다

어휘가 쏙쏙 ——————— p. 98

✎ ❶ ⓛ 갖다 ❷ ㉠ 같은

의미가 콕콕 p. 99

✎ ❶ 같은 ❷ 갖다

✎ ❶ 같다 ❷ 갖고

✎ ❷ 갖고

2 낳다 / 낫다

어휘가 쏙쏙 ——————— p. 100

✎ ❶ ㉠ 낳았어요 ❷ ⓛ 낫지

의미가 콕콕 p. 101

✎ ❶ 낳았다 ❷ 낫다

✎ ❷ 낳았다

3 너머 / 넘어

어휘가 쏙쏙 ——————— p. 102

✎ ❶ ㉠ 너머 ❷ ⓛ 넘어가다가

의미가 콕콕 p. 103

✎ ❶ 넘어간다 ❷ 너머

✎ ❶ 너머 ❷ 넘어

✎ ❶ 너머

4 느리다 / 늘리다

어휘가 쏙쏙 ——————— p. 104

✎ ❶ ⓛ 느리다 ❷ ㉠ 늘려

의미가 콕콕 p. 105

✎ ❶ 느려요 ❷ 늘려

✎ ❶ 늘였다

✎ 늘려

5 다치다 / 닫히다

어휘가 쏙쏙 ——————— p. 106

✎ ❶ ⓛ 닫힌 ❷ ㉠ 다친

의미가 콕콕 p. 107

✎ ❶ 닫혔어요 ❷ 다쳤어요

✎ ❶ ⓛ 다친 ❷ ⓛ 닫혀서

✎ 다쳤어요

6 맡다 / 맞다

어휘가 쏙쏙 ——————— p. 108

✎ ❶ ⓛ 맞는 ❷ ㉠ 맡은

의미가 콕콕 p. 109

✎ ❶ 맡고 ❷ 맞았다

✎ ❶ 맞는 ❷ 맡자

✎ ❶ 맡은

⑦ 바라다 / 바래다

어휘가 쏙쏙 ——————————————— p. 110

✎ ❶ ㉠ 바라는 ❷ ㉡ 바랜

의미가 콕콕 ——————————————— p. 111

✎ ❶ 바랬다 ❷ 바랐다

✎ ❶ 바랜 ❷ 바라고

✎ ❶ 바랄게요

⑧ 반드시 / 반듯이

어휘가 쏙쏙 ——————————————— p. 112

✎ ❶ ㉠ 반드시 ❷ ㉡ 반듯이

의미가 콕콕 ——————————————— p. 113

✎ ❶ 반드시 ❷ 반듯이

✎ ❶ ㉡ 반드시 ❷ ㉠ 반듯이

✎ 반드시

⑨ 부치다 / 붙이다

어휘가 쏙쏙 ——————————————— p. 114

✎ ❶ ㉡ 부쳤어요 ❷ ㉠ 붙였어요

의미가 콕콕 ——————————————— p. 115

✎ ❶ 부쳤어요 ❷ 붙였어요

✎ ❶ ㉠ 부쳐서 ❷ ㉡ 붙여서

✎ ❶ 부치셨다고

⑩ 빗 / 빛

어휘가 쏙쏙 ——————————————— p. 116

✎ ❶ ㉠ 빗 ❷ ㉡ 빛

의미가 콕콕 ——————————————— p. 117

✎ ❶ 빗 ❷ 빛

✎ ❶ 빗 ❷ 빛

✎ 빛

⑪ 시키다 / 식히다

어휘가 쏙쏙 ——————————————— p. 118

✎ ❶ ㉡ 식히지도 ❷ ㉠ 시키는

의미가 콕콕 ——————————————— p. 119

✎ ❶ 시켰어요 ❷ 식혀서

✎ ❶ 식히려고 ❷ 시켜

✎ ❶ 시키면

⑫ 없다 / 엎다

어휘가 쏙쏙 ——————————————— p. 120

✎ ❶ ㉠ 없네 ❷ ㉡ 엎으면

의미가 콕콕 ——————————————— p. 121

✎ ❶ 없네 ❷ 엎어서

✎ 없는

⑬ 웬 / 왠지

어휘가 쏙쏙 ─────────── p. 122

✎ ❶ ⓛ 왠지 ❷ ㄱ 웬

의미가 콕콕 p. 123

✎ ❶ 웬 ❷ 왠지

✎ ❶ 웬 ❷ 왠지

⑭ 짓다 / 짖다

어휘가 쏙쏙 ─────────── p. 124

✎ ❶ ⓛ 짖으며 ❷ ㄱ 짓고

의미가 콕콕 p. 125

✎ ❶ 짖고 ❷ 짓고

✎ ❶ 짖는 ❷ 짓고

✎ ❶ 짓고

⑤ 종합 평가　　　　p.126~127

01 ❶ ○ ❷ X ❸ X ❹ ○ ❺ ○

02 ❶ 맡으니까 ❷ 반드시 ❸ 붙여서 ❹ 빗 ❺ 맞는

03 ❶ ⓒ 없어 ❷ ⓛ 엎어 ❸ ㄱ 업어

04 ❶ 같다 ❷ 웬 ❸ 식혀서

05 ❶ 맞아 ❷ 부치려고 ❸ 짓는 ❹ 낫지 ❺ 맡은

06 ❶ ○ ❷ ○

07 다칠

08 ❷

말놀이 심부름꾼, 사냥꾼, 구경꾼, 낚시꾼 ──── p. 128